UN SOLDAT CHRÉTIEN.

LA MORICIÈRE

PAR

le R. P. LAVEILLE,

Prêtre de l'Oratoire.

SOCIÉTÉ DE SAINT-AUGUSTIN,
DESCLÉE, DE BROUWER ET Cie.
1895.

UN SOLDAT CHRÉTIEN.

LA MORICIÈRE.

Le Général de La Moricière,
d'après le portrait d'Horace Vernet.

UN SOLDAT CHRÉTIEN.

LA MORICIÈRE

PAR

le R. P. LAVEILLE,

Prêtre de l'Oratoire.

SOCIÉTÉ DE SAINT-AUGUSTIN,

DESCLÉE, DE BROUWER ET Cie.

1895.

Le récit qu'on va lire n'est point une histoire détaillée de La Moricière.

Cette œuvre existe; elle a été faite de main de maître, et il y aurait témérité à la vouloir refaire.

Mais si les deux remarquables volumes que M. Emile Keller a consacrés à la mémoire de son ami, satisfont amplement la curiosité du public lettré, peut-être échappent-ils, par leur étendue même, à l'attention des humbles, auxquels les heures de lecture sont parcimonieusement mesurées.

C'est pour ces humbles que j'ai travaillé. Mon ambition serait d'être lu à la caserne, aussi bien qu'à l'atelier. Si, en parcourant ces pages, les conscrits présents et futurs comprenaient une bonne fois qu'on peut pratiquer sans rougir une religion qui fut celle du conquérant de l'Algérie, j'aurais la joie d'avoir fait une bonne action, joie qui, à mes yeux, vaut mieux que celle d'avoir écrit un beau livre.

L'Haÿ (Seine), *19 mars, Fête de S. Joseph, 1895.*

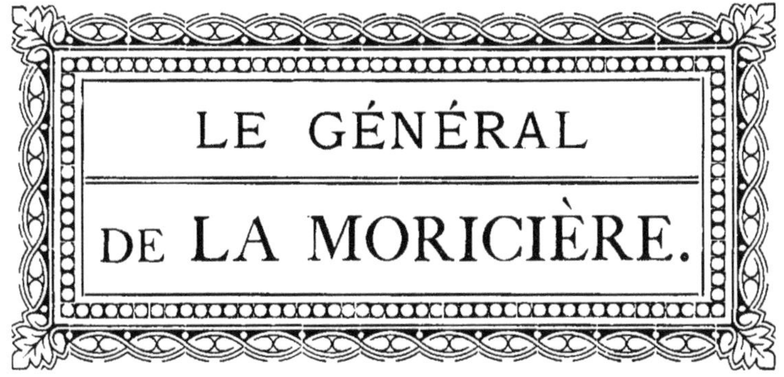

LE GÉNÉRAL DE LA MORICIÈRE.

CHAPITRE I.

Naissance de La Moricière.— Ses premières années. — Ses premières amitiés. — Il entre à l'École polytechnique et à l'École d'application de Metz. — Sa liaison avec les saint-simoniens. — Il fait partie de l'expédition d'Alger.— La révolution de 1830.— Il accompagne le Maréchal Bourmont disgracié jusqu'à son embarquement. — Difficultés d'organisation. — Qualités militaires du jeune officier.

CHRISTOPHE-Louis-Léon Juchault de La Moricière naquit à Nantes, le 5 février 1806, d'une ancienne et noble famille, qui depuis plusieurs siècles portait l'épée au service de la France. Elle avait pour armoiries trois coquilles d'argent sur fond d'azur, et pour devise ce cri de foi : *Spes mea Deus*, « Mon espoir, c'est Dieu ! »

Parmi les membres illustres de cette maison figure, à l'époque des guerres de religion, un gentilhomme nommé Louis de La Moricière, qui, en 1576 et en 1583, arracha le Mont St-Michel aux protestants. Le souvenir de ce grand ancêtre paraît avoir inspiré plus d'une fois le futur héros de Constantine [1].

Celui-ci fut le premier enfant de Sylvestre de La Moricière et de Désirée de Robineau de Bougon.

1. Voir la note I à la fin du volume.

Après avoir pris part, l'épée à la main, à la résistance acharnée des provinces de l'Ouest contre le despotisme révolutionnaire, Sylvestre de La Moricière avait profité, sans arrière-pensée, de la pacification de la Bretagne. Proscrit et ruiné par la guerre civile, échappé à grand' peine à la vengeance des bleus, il avait épousé la fille unique du chef des volontaires Nantais, dont la famille tenait à la sienne par des amitiés et des alliances anciennes. Homme d'une foi profonde, ayant conservé des malheurs de sa jeunesse une impression de tristesse et de mélancolie silencieuse, il ne voulut accepter à aucun prix de servir l'Empire. Il s'occupa, le reste de sa vie, d'œuvres de bienfaisance, et, quand une mort prématurée l'enleva en 1821, les regrets publics furent si unanimes, que l'expression en fut consignée dans les registres de la mairie de Nantes.

Le contraste était frappant entre cette nature d'une droiture inflexible, d'une franchise et d'une simplicité antiques, et l'ardeur, la spontanéité d'esprit et de caractère qui distinguaient Mme de La Moricière. Vive, spirituelle, élégante, pleine d'entrain et de goût pour le monde, elle devait léguer à son fils le tempérament impétueux et l'humeur entreprenante qui furent pour beaucoup dans ses succès militaires.

De ce mariage étaient nés trois enfants : celui qui devait être le général ; une fille qui mourut en bas âge, et un second fils, nommé Joseph, qui devint secrétaire d'ambassade au Mexique.

Sylvestre de La Moricière avait donné à ses enfants une solide éducation religieuse : il comprenait l'importance de ces premiers germes, qui peuvent sembler étouffés d'abord par les passions de la jeunesse et les influences sociales, mais qui finissent par se développer aux jours d'épreuve et de réflexion.

Le jeune Léon offrait d'ailleurs toutes les ressources de ces natures vives et primesautières qui souvent ne demandent qu'une sage direction pour devenir des natures d'élite.

Tout enfant, il se livrait avec une impétuosité sans égale aux jeux de son âge ; mais la vue d'un pauvre suffisait pour l'arracher aux plus joyeux ébats, et il n'était satisfait que lorsque sa « *bonne* » avait porté quelques sous au mendiant.

Après les premières années passées dans la maison paternelle sous la direction d'un répétiteur distingué par ses talents et sa piété, l'enfant fut placé au collège de Nantes. Il y eut pour professeur de philosophie un saint prêtre, qui devint plus tard, sous le nom de Père Fulgence, abbé de la Trappe de Bellefontaine.

Après quarante ans écoulés, le vénérable religieux se souvenait encore des heureuses dispositions de son élève. Lorsque Mgr Freppel, évêque d'Angers, fut appelé à prononcer, dans la cathédrale de Nantes, l'oraison funèbre du général, le Père Fulgence, dont il avait interrogé les souvenirs, lui écrivit que le jeune de La Moricière était sans contredit un des meilleurs élèves de sa classe, « sous le rapport de la conduite, du travail et des talents ». — « Mais, ajoute cette lettre, ce qui le distinguait par dessus tout, c'était une aimable simplicité, une candeur et une douceur charmantes. »

Le vieux prêtre termine par un aveu plein de modestie : « Toutes ces qualités, dit-il, étaient bien précieuses sans doute; mais il aurait fallu une perspicacité plus grande que la mienne pour découvrir l'avenir, et tout ce que la divine Providence avait renfermé de noble, de beau, de vraiment grand dans cette belle âme. »

Le général, malgré le cours des années et les vicissitudes de sa vie agitée, n'oublia jamais ni les leçons, ni les vertus de son professeur. Peu de temps avant sa mort, il le recevait au château du Chillon, domaine de sa famille maternelle, l'embrassait avec effusion et lui prodiguait toutes les marques de la reconnaissance et de la vénération.

Ses classes terminées, Léon, cédant à la fois à un goût très prononcé pour la carrière militaire et aux conseils de ses oncles, tous deux officiers du génie, vint à Paris, et fut placé dans une institution qui suivait les cours du collège Henri IV. Dès le premier jour, sa ténacité, son énergie, la rectitude inflexible de son caractère frappèrent d'étonnement et de respect ces jeunes parisiens sceptiques avant l'âge et toujours prêts à la raillerie. Il voulait entrer dans l'armée par la porte la plus difficile, celle de l'École polytechnique. Il fut reçu dans cet établissement après un brillant concours, et y resta de 1826 à 1828.

C'est à cette époque que remonte sa liaison avec un de ses contemporains, mort prématurément comme lui, après avoir enrichi de remarquables travaux la littérature et l'histoire, Alexis de Tocqueville. Celui-ci, né un an avant Léon de La Moricière, était juge auditeur à Versailles en 1828, au moment où il reçut la visite du jeune officier qui venait de quitter l'École polytechnique : c'était une amitié de trente ans qui commençait. Dans une lettre écrite à cette époque, Alexis de Tocqueville trace de son jeune visiteur un portrait qui nous rend la vive expression de la physionomie de La Moricière à vingt-trois ans. « J'ai été enchanté de ce jeune officier, dit-il. Moi qui ai été habitué à vivre avec des gens qui se paient assez volontiers de mots, j'ai été tout surpris du besoin de netteté qui a l'air de le tourmenter sans cesse. Le sang-froid avec lequel il m'arrêtait pour me demander compte d'une idée avant de me laisser passer à une autre, ce qui, plusieurs fois, m'a un peu déconcerté; sa manière de ne parler que de ce qu'il entend parfaitement, m'ont donné de lui une opinion supérieure à celle que j'ai presque jamais conçue d'un homme au premier abord. »

Alexis de Tocqueville saisissait ici d'un coup d'œil le tour d'esprit particulier de La Moricière. Celui-ci est resté jusqu'aux dernières années de sa vie tel que son fidèle ami le peint au début, avec quelque chose de vif, de chercheur et de pénétrant dans l'esprit, une impatience naturelle contre ceux qui prétendaient le payer de mots, l'horreur de l'à-peu-près et la volonté arrêtée d'aller au fond des choses.

En sortant de l'École polytechnique, Léon de La Moricière était passé à l'École d'application de Metz, qu'il quitta avec le brevet de sous-lieutenant du génie, pour être envoyé à Montpellier.

Sans échapper tout à fait à l'action du scepticisme voltairien de son temps, il en jugeait la folle témérité avec un sérieux et un bon sens dont on pourra juger par les reproches suivants adressés à son frère : « Joseph se croit le premier moutardier du Pape, parce qu'il a lu la philosophie ; il se croit, Dieu me pardonne, esprit fort, et m'engage à lire l'*Origine des cultes* de Dupuis ! Eh ! qui est-ce qui n'a pas lu cet ouvrage parmi ceux qui s'occupent de ce qui se passe dans le monde moral ? Mais, sans savoir l'astronomie, peut-on, de bonne foi, dire qu'on a compris Dupuis ? Et Josi pourrait-il seulement me démontrer que la terre tourne ou m'expliquer les phases de la lune ? *O tempora, o mores !* Le taupin veut en remontrer à l'ancien ! Il n'y a plus de hiérarchie dans la société, et, si je n'avais foi dans l'avenir, je prophétiserais la fin du monde. »

Cependant la jeunesse de 1825 était vivement agitée par la curiosité des problèmes religieux, politiques et sociaux soulevés par le besoin de réformes, au déclin de la Restauration. Le

Saint-Simonisme était à ses débuts. Ce n'était alors que l'effort généreux d'intelligences comprenant l'importance de la vérité religieuse, voulant la retrouver et s'y dévouer. Autour de Saint-Simon s'étaient groupés tout d'abord des esprits éminents comme Auguste Comte, Augustin Thierry, Halévy, Péreire, Sainte-Beuve, Marceau.

Avec ses aspirations naturellement chrétiennes, son besoin inné de vérité et de justice, il n'est pas étonnant que La Moricière ait participé à ce mouvement d'idées, mais la fermeté de son esprit et sa sûreté de vues devaient l'arrêter sur la voie des utopies où s'engagèrent bientôt quelques-uns de ses amis. De bonne heure, il constata avec tristesse l'impuissance des théories qui l'avaient séduit ; mais, réduit à des connaissances religieuses incomplètes ; privé, selon toute apparence, de guide spirituel, il allait peut-être mettre au service d'autres conceptions aussi chimériques les ardeurs de sa jeunesse, lorsqu'il fut saisi par le courant de la vie militaire, qui devait l'emporter pendant plus de dix-huit ans.

Léon de La Moricière était sorti le second de l'École polytechnique. Entré le premier à l'école de Metz, il en était sorti le premier. Ces succès n'avaient point passé inaperçus : aussi, bien que sa nomination au grade de lieutenant fût toute récente, fut-il agréé par le maréchal de Bourmont pour prendre part à l'expédition contre le dey d'Alger.

C'était en 1829, presque à la dernière heure de ce règne qui allait succomber sous l'effort de passions irréconciliables, en léguant à la France la seule conquête qu'elle ait gardée depuis un siècle. L'expédition d'Alger se préparait, avec maturité et prévoyance, au milieu de l'opposition du libéralisme et de la lutte habituelle de toutes les ambitions, malgré les résistances ardentes de l'Angleterre.

Rien n'égalait l'ardeur des officiers, de ceux surtout qui, comme La Moricière, voulaient donner au vieux drapeau, rajeuni par les lauriers d'Espagne et de Grèce, un nouveau baptême de gloire. L'armée, fatiguée d'une longue paix, avait salué cette entreprise comme une glorieuse chance de combats, de périls, de triomphes, de fortune militaire, et l'empressement fut grand pour obtenir la faveur de faire cette campagne dirigée contre Alger l'*imprenable.*

La Moricière fut attaché à la division du général duc des Cars, et partit de Montpellier le 21 mars 1830.

La Providence lui avait départi des avantages physiques qui semblaient présager une brillante carrière. Petit de taille, mais large d'épaules, souple et vigoureux à la fois, il était un véritable type de force musculaire. Son large front, ombragé de cheveux noirs, donnait l'idée de sa supériorité intellectuelle; le nez fort et régulier était comme un signe de fermeté et de résolution ; ses yeux un peu couverts avaient la double séduction de la franchise et de la douceur ; son accent énergique, sa voix puissante semblaient faits pour le commandement.

Pendant les longueurs du voyage, au lieu de caresser, comme beaucoup de ses compagnons, des rêves d'ambition personnelle, il se laissait aller à évoquer les souvenirs historiques des Croisades. Il se rappelait les grandes luttes entreprises par la Papauté pour sauver l'Europe du joug de l'islamisme, et se demandait si la France n'allait pas reprendre et continuer ces glorieuses traditions.

Les débuts de l'expédition devaient encourager ces patriotiques espérances. A peine débarqué, La Moricière attachait son nom à la première redoute construite sur le sol africain. C'était à l'endroit même où s'élève aujourd'hui la Trappe de Staouëli. L'armée avait pris terre le 13 juin 1830. Le 24, elle livra à Sidi-Kalef un combat où périt un fils du maréchal de Bourmont, mais qui ouvrit aux Français la route de la capitale. Le 4 juillet, après un bombardement de quelques heures, Alger capitulait, et La Moricière était chargé de hisser le drapeau français sur la Casbah, ou château du dey.

Ce fut là pour lui comme le premier sourire de la gloire. Plus tard, des succès plus personnels ne purent lui faire oublier la joie d'avoir vu ce repaire de pirates, si longtemps inaccessible, ouvert enfin à la justice et à la civilisation européennes.

Ce fut en pleine ivresse du triomphe qu'on apprit par des navires marchands la Révolution de Juillet. Cet événement venait mettre à une rude épreuve la résolution du jeune lieutenant.

A vingt-quatre ans, céderait-il à l'exemple de quatre mille officiers et aux instances de sa mère ? Briserait-il son épée pour suivre dans l'exil la dynastie chassée de France par la Révolution, ou bien s'attacherait-il exclusivement à cette terre africaine où tout était à faire, où il s'agissait, loin des intrigues, des faiblesses et des abaissements, de servir la civilisation et la liberté ? L'horreur de « l'ignoble oisiveté » l'emporta sur toute autre considération, et il resta.

Il trouva, du reste, dans ces douloureuses circonstances, l'occasion de signaler la noblesse de son caractère par un acte de courageuse fidélité au malheur. Son général en chef, après s'être vu contester par la Révolution le bâton de maréchal, si glorieusement gagné, était obligé de quitter en fugitif l'armée qu'il avait conduite à la victoire et le pays qu'il avait conquis à la France.

Dès l'arrivée du général Clauzel, qui venait le remplacer, le maréchal de Bourmont partit un des premiers. L'amiral Duperré lui avait refusé un bâtiment pour s'éloigner de l'Afrique, et le vainqueur d'Alger fut obligé de s'embarquer sur un navire étranger, le seul qui consentît à le recevoir. Au moment où le flot des officiers dévoués au nouveau régime se portait chez le nouveau général, La Moricière fut du petit nombre des amis courageux qui accompagnaient sur le rivage leur chef malheureux.

Il était là, le 3 septembre 1830, lorsqu'à la tombée de la nuit, le maréchal de Bourmont s'embarqua sur l'*Amatissimo*, brick autrichien frété à ses frais, et il assista ainsi à cette soirée des suprêmes adieux, que le capitaine Gagrizza, commandant du brick, a racontée en ces termes : « Le maréchal et ses deux fils avaient un bagage si peu considérable, que deux de nos marins suffirent à le porter. Un de ses fils avait sous le bras un petit coffret. Je lui offris de m'en charger. Il refusa mon offre, ce qui me fit soupçonner qu'il contenait quelque objet d'un grand prix. Voyant cependant, quelques jours après, que ce coffret n'était pas fermé, j'en fis l'observation au maréchal, qui me répondit, en me montrant le contenu : « Ce que renferme ce coffret, quoique bien précieux pour moi, ne tentera la cupidité de personne. Voilà le seul trésor que j'emporte d'Alger : c'est le cœur du fils que j'ai perdu. »

Ainsi parlait le maréchal de Bourmont, sans pressentir qu'à ce jeune officier qui le saluait du rivage, il léguait l'honneur de terminer la conquête de l'Algérie.

Ce courageux devoir une fois accompli, La Moricière revint prendre son rang de lieutenant du génie dans l'armée.

Déjà on n'en était plus aux premières ivresses de la conquête, et une âme moins vaillante que celle du jeune officier aurait pu manquer de confiance dans l'avenir de l'entreprise. Peu de bonne volonté dans le gouvernement de la métropole, qui redoutait les mécontentements de l'Angleterre, et qui, se souciant assez médiocrement du legs de la Restauration, sans oser le répudier, n'accordait les hommes et l'argent qu'avec parcimonie, hésitait entre vingt systèmes et n'en adoptait aucun ; une grande inexpérience, non exempte de prétention, chez les chefs militaires ; absence de tout esprit de colonisation et de toute persévérance ; difficultés de climat, d'alimentation, d'hygiène, d'armements, tous ces obstacles nouveaux et inconnus présageaient des victoires laborieuses, achetées au prix de beaucoup de sang, et sans cesse remises en question.

La prise d'Alger avait eu pour résultat de faire disparaître le gouvernement turc ; mais rien encore n'avait été mis à la place ; la population arabe était abandonnée à elle-même, et les anciens soldats du dey, qui auraient volontiers pris du service sous nos drapeaux, s'étaient transformés en pillards et en assassins dans toute la banlieue de la capitale. Il fallait donc avant tout entrer en relations avec les Arabes, chercher à connaître le mécanisme de leurs institutions, deviner leurs aspirations, leurs sentiments à l'égard des nouveaux venus, afin de pouvoir donner à ces peuples un gouvernement sage et réparateur, en retour du gouvernement despotique qu'on avait renversé.

Toutes ces nécessités, La Moricière les comprenait à merveille, et s'il n'avait pas encore l'autorité nécessaire pour faire appliquer ses idées, du moins personne n'était-il mieux préparé que lui à la mission d'explorateur qui devait permettre d'organiser la conquête.

Attaché dès les premiers jours à l'état-major du général Clauzel, il déploya tant de zèle, tant de ressources d'esprit inventif et une si heureuse bravoure, qu'à vingt-quatre ans, il était proposé pour la croix. Les bureaux du ministère devaient la lui faire attendre trois années. Il s'en souvenait lorsqu'un peu plus tard, devenu capitaine, il écrivait avec une touchante modestie : « J'ai eu du bonheur sur les champs de bataille ; mais je crains les bureaux du ministère, qui sont pour moi pires que les Kabyles. »

En attendant que les honneurs militaires vinssent le trouver, il apprenait à connaître sa véritable vocation. En quelques mois, il avait pu étudier le métier des armes sous ses aspects

Le maréchal Clauzel.

les plus variés. Officier du génie, il avait concouru aux travaux du siège d'Alger ; attaché à l'état-major général, il avait fait des reconnaissances parmi les tribus arabes et pris part à de sanglantes rencontres ; entre temps, il avait appris la langue du pays.

Cependant ces occupations si multiples ne suffisaient point à son immense besoin d'activité, et rien de ce qu'il voyait ne semblait répondre à l'idée qu'il s'était formée d'une conquête vraiment civilisatrice. Mais comment un simple lieutenant du génie parviendrait-il à réaliser des plans qui supposaient un haut commandement et à sortir du cercle fatal dans lequel son avenir semblait à jamais renfermé ? Au commencement de 1831, on songea à créer des corps indigènes pour remplacer les régiments de troupes régulières rappelés en France : ce fut pour La Moricière l'occasion providentielle.

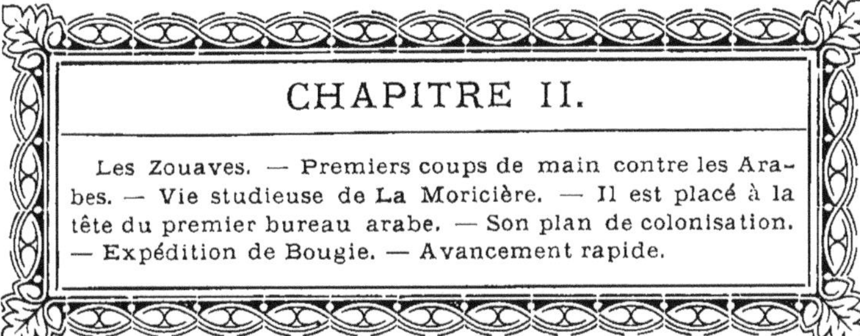

CHAPITRE II.

Les Zouaves. — Premiers coups de main contre les Arabes. — Vie studieuse de La Moricière. — Il est placé à la tête du premier bureau arabe. — Son plan de colonisation. — Expédition de Bougie. — Avancement rapide.

LES Zouaves, créés par le général Clauzel et commandés d'abord par MM. Maumet et Duvivier, étaient un mélange de Français, de Maures, d'Arabes, de Turcs, d'étrangers de toutes les origines, un corps où semblaient se donner rendez-vous des hommes de toutes les langues, des esprits aventureux, des enfants perdus de toutes les nations.

Lorsqu'on résolut d'en former un second bataillon, La Moricière fut nommé capitaine de la 7e compagnie. Il s'agissait moins d'un commandement à exercer que de la formation militaire d'un ramassis d'hommes indisciplinés.

La Moricière ne se dissimulait point les difficultés de sa tâche : « Vous avez entendu parler, écrit-il le 22 mai 1831, de cette nuée de volontaires parisiens et autres qui nous ont été expédiés, lorsqu'en France on n'a plus eu besoin d'eux pour faire des révolutions. Ils ont été indignement trompés par le gouvernement, qui leur promettait du travail à Alger, et qui maintenant en fait des soldats, en sorte qu'ils se disent tous les esclaves de la liberté. Ces enfants de la Révolution ont une intelligence développée, parlent politique, droits, garanties, sont fort gros d'honneur et difficiles à conduire. Une parole grossière pourrait être cause d'une révolte très sérieuse. »

Cette assemblée étrange, formée des héros embarrassants des journées de Juillet, et des indigènes d'Afrique, ambitieux et fiers de servir la France, devait devenir plus tard entre les mains de La Moricière, un régiment modèle comptant les premiers soldats du monde.

Le Zouave, habillé à l'arabe, fut par excellence le soldat d'Afrique, l'homme des coups de main difficiles, le fantassin des longues marches, des nuits sans sommeil et des journées sans eau. Les Arabes le caractérisèrent en disant qu'il mâchait de la poudre depuis l'aube du jour jusqu'au coucher du soleil. Aussi employait-on les Zouaves dans toutes les expéditions où l'on prévoyait de grandes fatigues et de rudes combats.

Mgr Dupanloup a tracé de ce corps d'élite un admirable portrait, que nous croyons intéressant de reproduire ici :

« Ces Zouaves, dit le prélat, c'est La Moricière qui les forma. Placé à leur tête, au moment même de leur création, c'est lui qui contribua plus que tout autre à leur donner l'esprit militaire qui les distingue, à les faire ce qu'ils sont, et il les fit, pour ainsi dire, à son image, du moins en ce qu'ils ont de chevaleresque et de français ; vrais lions dans les combats, toujours au feu, au premier rang, n'attendant jamais l'ennemi, l'abordant à la pointe de leur baïonnette ; dans ces guerres étranges, usant de toutes les manœuvres et de tous les stratagèmes ; tantôt se couchant à plat-ventre, grimpant dans les broussailles et sur les pentes escarpées ; tantôt bondissant comme des panthères ; non moins ingénieux dans le camp que braves et intelligents sur le terrain ; pleins d'entrain, de verve, de gaîté militaire ; chansonnant volontiers dans leurs refrains du bivouac la casquette du maréchal ; trouvant moyen partout de vivre et de chanter, rachetant par tant de qualités héroïques et guerrières leur amour un peu trop vif de la razzia,et leur humeur plus faite pour la poésie des batailles que pour les travaux des quartiers d'hiver et des campements ; préférant encore aux chants du bivouac les sons de la charge et du clairon ; sachant pourtant manier la pioche comme la baïonnette, et se couvrir de boue comme se couvrir de sang, construire des redoutes au besoin, comme les emporter d'assaut, et, pour tout dire enfin, portant dans leurs mâles poitrines un cœur tendre et bon, comme en ont les héros : témoin cette campagne dont parle leur historien, où l'on ne vit pas, au retour, de poules ou de tortues sur leurs sacs, mais où ils ramenaient des femmes et des enfants qu'ils avaient sauvés, donnant, dans la marche, leur pain aux femmes et aux vieillards, et le lait de leurs chèvres aux petits enfants ! Voilà les Zouaves de La Moricière! (1) »

Pour former avec de tels éléments ces régiments incomparables, il fallait une patience, une ténacité, un sang-froid et un esprit de justice que seul La Moricière réunissait à un degré suffisant. Aussi, dès les premiers jours, n'eut-il pas moins de quatre cents recrues à instruire et à commander. Leur nombre croissant toujours par suite de l'émigration continue des déclassés parisiens, on en forma successivement trois bataillons auxiliaires, qui devinrent peu à peu le 67e de ligne.

Le nouveau régiment allait bientôt faire ses preuves. Le général Clauzel venait d'être remplacé par le général Berthezène, brave officier du premier Empire, aussi étranger à tout plan de colonisation qu'intrépide sur le champ de bataille.

Il eut l'idée de diriger une expédition sur Médéah, afin de châtier quelques tribus rebelles. Une expédition semblable avait été déjà tentée par le général Clauzel, sans autre résultat que des pertes sérieuses infligées aux troupes françaises.

Cette fois, la fortune favorisa d'abord nos drapeaux. Le colonel Duvivier, qui avait amené ses deux compagnies de Zouaves, enleva le plateau de Riza sous le feu de 2,000 Arabes. La Moricière, après avoir eu un cheval tué sous lui, parvint

1. *Oraison funèbre du général de La Moricière*, p. 13.

au sommet du plateau avec sa compagnie, alors qu'on le croyait mort ; mais cet échec ne découragea point l'ennemi. Exaspéré par les dévastations de nos soldats, il alla se poster sur les hauteurs qui dominent le col de Mouzaïa, que devait franchir la colonne française avant de rentrer à Alger, et de là dirigea sur cette colonne un feu plongeant.

Ce fut une mêlée et une panique indescriptibles. La Moricière, voyant le drapeau du 20e de ligne et une pièce de canon sur le point de tomber entre les mains des Arabes, met son shako au bout de son sabre, appelle à lui les Zouaves du 67e, reprend le drapeau, le canon, et, bien que blessé deux fois, dispute pied à pied le terrain jusqu'au bas de la colline (1er juillet 1831). Quelques jours après, le général Berthezène le proposait de nouveau pour la croix « à raison, disait-il, de sa fermeté et de l'ordre qu'il a maintenu dans sa troupe ».

Cependant, l'organisation des Zouaves et des volontaires parisiens n'était point achevée. A peine guéri de ses blessures, La Moricière fut envoyé, pour compléter leur formation, à Hussein-dey, à deux lieues d'Alger, près de la Méditerranée. Il y avait là environ trois cents jeunes soldats, tant Arabes que Français et Espagnols.

Quelle rude tâche que celle de discipliner, en peu de temps, des hommes venus de partout, impatients de tout joug, rebelles encore à l'idée de patriotisme ! Heureusement, on occupe l'un des plus beaux pays du monde, et dans l'intervalle des exercices, le capitaine oublie parfois ses fatigues en s'abandonnant aux charmes de la nature africaine : « Le pays où nous sommes est délicieux, écrit-il. L'air est embaumé du parfum des jasmins, des géraniums et des roses. La maison que j'occupe est à deux cents pas de la mer. C'était un lieu de plaisance du dernier dey d'Alger. Partout des bassins de marbre, des jets d'eau, des fontaines vives. C'est là, au milieu des merveilles de l'art et de la nature, et de l'appareil militaire de mon camp, que, matin et soir, je prends mon café et fume ma longue pipe. On s'ennuie beaucoup, dit-on, en Afrique. Pour moi, le ciel du midi est un vrai bonheur. Cette nature si variée dans ses paysages et dans ses productions, si pleine de vie dans tout ce qu'elle enfante, est une source d'observations qui ne tarit jamais, et je dis un peu comme Victor Hugo :

« Pourtant j'aime une rive
Où jamais des hivers
Le souffle froid n'arrive
A mes vitraux ouverts. »

Mais voilà suffisamment de rhétorique, parlons de choses plus graves. »

En effet, les sujets graves et même tristes ne manquaient pas au noble cœur qui avait rêvé d'arracher définitivement cette terre à la barbarie.

Rien de plus lent, de plus pénible et de plus désordonné que la prise de possession de l'Algérie. Une des causes de cette lenteur, ce fut la brutalité et la violence sanguinaire par lesquelles on espérait dompter les Arabes, et qui ne servaient qu'à exaspérer cette race courageuse. Aussi, la lutte destinée à leur imposer notre domination était-elle sans cesse à recommencer. A peine une expédition était-elle de retour à Alger après avoir châtié quelque tribu rebelle, que de nouveaux pillards venaient attaquer nos retranchements à coups de hache et de yatagan, avec une audace et un mépris de la mort dont on aurait peine à se faire une idée.

Découragé par l'insuccès, le général Berthezène était rentré en France ; mais son départ ne devait rien changer à la situation : le duc de Rovigo, qui lui succéda, ne connaissait, comme lui, d'autres moyens de colonisation que la terreur et la guerre d'extermination.

Cependant on ne confiait guère aux Zouaves que quelques missions monotones et peu enviées : escorte des convois, chasse à donner aux pillards, travaux de nivellement et autres besognes aussi rudes.

De plus, tandis qu'après quelques années de campagne, les soldats des autres armes allaient oublier en France les souffrances de cette vie d'exil, les Zouaves n'avaient pas même mis le pied à Alger depuis leur création, et pouvaient se croire fixés à la glèbe comme de véritables manœuvres. Si l'on ajoute que, malgré ce rôle de sacrifiés, ils étaient vus avec jalousie par les autres corps et ne rencontraient que mauvais vouloir dans les bureaux du ministère de la guerre, on comprend que les deux premiers chefs de cette troupe, Maumet et Duvivier, fatigués de tels déboires, aient eux-mêmes demandé leur retour en France.

Ils furent remplacés par le chef de bataillon Kolb, vieux type de bravoure et d'honnêteté, mais d'une portée intellectuelle médiocre, de sorte que, dès cette époque, on put considérer La Moricière comme le véritable chef de cette troupe.

Son premier soin avait été de les former, par son exemple, à la promptitude, à la décision : dans cette vie d'aventures et de surprises perpétuelles, ce devaient être des qualités maîtresses du soldat africain.

« Un jour, il accompagnait le capitaine du génie Goujon au delà de l'Aratch. Tout à coup la crête des collines voisines se garnit de burnous blancs. La retraite était impossible, et, pendant que La Moricière rappelle à ses cinquante Zouaves qu'il faut du moins mourir en braves, quatre des chefs arabes se détachent de la foule et arrivent au galop sommer la petite troupe de se rendre. Avec la rapidité de l'éclair, La Moricière trouve le moyen de changer les rôles et de prendre l'offensive. Allant au devant des cavaliers, il plante tranquillement devant eux la mire qui lui servait à prendre des nivellements, et d'un ton impérieux leur déclare en arabe qu'ils sont morts tous les quatre s'ils ne jurent pas au nom de Mahomet de laisser les Français se retirer librement. Surpris de cette audace, les Arabes prêtent le serment qu'on leur demande, et les Zouaves s'en retournent comme ils sont venus, le fusil en bandoulière [1]. »

Lorsqu'il n'y avait, ni convoi à protéger, ni reconnaissance à exécuter, l'activité du capitaine se dépensait en travaux plus obscurs, mais non moins utiles. Jamais le découragement ne pénétra dans son âme. Il avait reconnu que « quand on en a l'habitude, on travaille partout, même au bivouac ». Non seulement il acquérait une connaissance approfondie de la langue arabe, mais il s'entourait de livres, étudiait l'histoire de l'Algérie, s'appliquait à l'économie politique, et construisait des cadrans solaires, « attendu que dans Alger, il n'y a pas une horloge ».

Ces études, sans l'amener directement à la foi pratique, conservaient dans son âme élevée le sentiment religieux. Déjà, par un mouvement naturel, dès 1830, il mêle la pensée de l'action divine au récit de ses succès militaires, et explique son succès au col de Mouzaïa par ces mots : « La Providence, qui nous destine à civiliser l'Afrique, nous donne la victoire. » C'était aussi un hommage au sentiment religieux que ce jugement profond sur les croyances qui faisaient la force redoutable des Arabes : « Le mahométisme doit sa force et sa ténacité à ce qu'il a jeté ses racines dans les bas-fonds du cœur humain ; il a pour aliments la guerre et le plaisir, et associe le sentiment

1. E. Keller, *Le général de La Moricière, sa vie militaire*, etc.

religieux aux deux passions les plus puissantes de la nature animale. »

Au mois de mars 1833, le duc de Rovigo, atteint d'une maladie incurable, était retourné mourir en France, laissant le commandement intérimaire de l'Algérie au général Avizard.

Les relations avec les Arabes étaient encore soumises à l'intermédiaire d'interprètes, généralement peu instruits et peu sûrs. Pour donner plus de régularité aux rapports des Français avec les indigènes, le général Avizard institua un *bureau arabe*, qui devait concentrer toutes les affaires relatives aux indigènes, réunir et apprécier les documents originaux et mettre chaque jour sous les yeux du général en chef la situation du pays par la traduction des lettres les plus importantes.

Nul ne convenait mieux que La Moricière pour diriger ce travail obscur, mais éminemment utile. Le général Avizard, qui avait discerné en peu de temps ses qualités d'organisateur, le plaça sans hésitation à la tête du premier bureau fondé par ses soins. Tous les historiens de l'Algérie sont unanimes à rendre hommage au choix de cet officier « capable de traiter directement avec les indigènes, homme de résolution, plein de ressources dans l'esprit, éclairé, travailleur, animé de la généreuse ambition de se distinguer par quelque chose de grand et d'utile [1]. »

A Paris, il est vrai, cette nomination ne réunissait point tous les suffrages. Un simple capitaine à la tête d'un service aussi important et extra-réglementaire, c'était un fait exorbitant, contre lequel la routine administrative devait protester. Le ministre parlait déjà de renvoyer La Moricière à son bataillon, et il fallut toute l'énergie du général Avizard pour défendre l'officier de son choix contre les tracasseries des bureaux.

1. Cf. Camille Rousset, *La Conquête d'Alger*.

Cette confiance, d'ailleurs, ne tarda pas à être justifiée. A peine installé, avec son personnel d'interprètes, dans une dépendance de la maison du général en chef, La Moricière se mit à visiter les tribus des environs d'Alger. Il leur apprit le but de sa mission, le désir sincère qu'il avait de connaître, de satisfaire leurs besoins réels, et leur donna l'assurance formelle qu'elles seraient à l'avenir traitées avec justice.

Ces paroles conciliantes ramenèrent chez ces tribus la confiance que des exécutions sanglantes, précédées de jugements parfois trop sommaires, leur avaient ôtée. Les indigènes ne craignirent pas d'approvisionner de nouveau les camps et les marchés français.

Les moyens d'action de La Moricière étaient aussi simples que généreux. Avec un sang-froid et une audace qui commandaient le respect, il se présentait seul, ayant pour toute arme une canne, dont il n'hésitait pas à se servir au besoin, mais se faisant un devoir d'accueillir toute réclamation fondée. Cet heureux mélange de justice et de fermeté lui valut, de la part des Arabes, le surnom ingénieux de *Bou-Aroua* (Père au bâton).

La Moricière avait déjà, sur la colonisation de l'Algérie, des vues personnelles basées sur la connaissance, qu'il perfectionnait de jour en jour, du pays et de ses habitants. Il voulait qu'au lieu de faire aux Arabes une guerre d'extermination, on tirât parti de leurs qualités et de leur organisation pour rétablir parmi eux un gouvernement régulier et s'en faire des alliés fidèles.

Il fallait commencer par réparer, ou du moins atténuer, les fautes des derniers gouverneurs. Une tribu puissante et brave, celle des Hadjoutes, avait été particulièrement exaspérée par les procédés tyranniques du duc de Rovigo.

« Depuis longtemps, écrit La Moricière, cette tribu, qui a six cents cavaliers bien montés, était, par rapport à nous, dans des dispositions assez équitables. On avait, sous le duc de Rovigo, violé, par rapport à elle, le droit des gens, en faisant venir deux de ses cheiks, qui avaient été arrêtés, jugés et exécutés, et cela, malgré un sauf-conduit portant le cachet du duc lui-même. A leurs yeux, c'était un crime dont ils eussent été incapables. Renouer avec des gens ainsi trompés était difficile. Je les fis sonder par un Arabe sûr et dévoué (car il y en a). On me demanda une entrevue, seul, à cinq lieues d'Alger. Je me fis accompagner jusqu'à une lieue de nos lignes par six hommes que je laissai là, et me confiant aux gens que j'avais envoyés sonder le terrain, je partis. Les Arabes craignaient tellement une surprise, qu'ils n'osaient avancer, et, voulant leur prouver que je me fiais à eux, je traversai la moitié de la plaine, et j'allai les trouver à huit lieues d'Alger. Dès qu'ils m'aperçurent (ils étaient 80 à 100), ils fondirent sur moi ventre à terre ; je partis de même au galop pour les joindre. Quand j'arrivai à eux, tous nos chevaux s'arrêtèrent tout d'un coup suivant la manière du pays, et l'on forma le cercle autour de moi. J'étais entouré de l'élite de la tribu. Je n'avais jamais vu un si bel escadron réuni. Je commençai à leur parler. Nous devisâmes, comme à l'ordinaire, tous à cheval. La conversation dura une heure et demie, après quoi nous nous séparâmes, fort contents les uns des autres. Un vieux cheik à barbe grise me dit, en me faisant ses adieux : « Tu es venu ici sans sauf-conduit écrit, tu t'es fié à la parole de l'Arabe, tu as eu raison. Sa parole, il ne la fausse jamais. Il ne tombera pas un cheveu de ta tête. Pars, et que la paix t'accompagne. »

Cette démarche, qui pouvait paraître aventureuse, et qui, en cas d'insuccès, aurait eu les conséquences les plus fâcheuses pour son auteur, amena un résultat inespéré : les Hadjoutes acceptèrent un chef investi de son autorité par le gouverneur français, et s'engagèrent, en cas d'attaque des tribus de la montagne, à fournir un contingent auxiliaire de 400 à 500 chevaux.

Cette activité pacifique n'empêchait pas le chef du bureau arabe d'être toujours prêt pour les expéditions militaires. La France ne possédait encore, sur le rivage africain, que Bône et Oran, et ces deux ports étaient chacun à une centaine de lieues d'Alger. La Moricière pensait qu'il fallait à tout prix s'emparer du cours des rivières qui, seules, rendent les communications possibles entre l'Algérie et les pays situés au sud de l'Atlas.

Le port de Bougie, situé à mi-chemin d'Alger et de Bône et commandant le cours de l'Oued-Sahel, avait une importance stratégique et commerciale qui avait attiré depuis longtemps l'attention du capitaine. Il méditait de donner cette ville à la France. Les raisons ne manquaient pas, du reste, pour légitimer cette conquête. Bougie était un lieu si peu sûr, que les puissances européennes se plaignaient sans cesse des offenses prodiguées à leurs nationaux, et menaçaient de se faire justice elles-mêmes. C'était, d'ailleurs, le centre, et, en quelque sorte, la capitale des Kabyles, descendants des anciens chrétiens d'Afrique. La civilisation catholique avait chance de trouver là, plus que partout ailleurs, un terrain favorable.

Le général en chef Avizard avait été remplacé par le général Voirol. La Moricière obtint de ce dernier le commandement de l'expédition de Bougie ; le général Trézel, chef d'état-major du gouverneur, devait venir à son secours, en cas de besoin, avec une colonne de renfort.

Le jeune capitaine avait vingt-cinq ans. Les intelligences qu'il s'était ménagées dans la place, la prudence avec laquelle il avait tout préparé, et, par dessus tout, son audace et son sang-froid, mettaient de son côté de nombreuses chances de succès ; mais dans un pays encore inexploré et avec des populations aussi étrangères aux mœurs européennes, il eût été impossible de tout prévoir.

La Moricière comptait sur une surprise pour s'emparer de la ville ; malheureusement les Coulouglis, auxquels il s'était confié, l'abandonnèrent au moment décisif.

A peine débarqué sur la plage avec quelques officiers, La Moricière voit toute la ville ameutée contre lui et ses compagnons. Il se réfugie dans une maison ; la maison est cernée de toutes parts. Il n'hésite pas, il ouvre tout à coup les portes, sort avec ses compagnons, le front haut, le regard menaçant, le pistolet levé et le sabre au poing, et passe à travers les Arabes immobiles et stupéfaits de tant d'audace ; mais, au milieu du péril, quelques moments lui avaient suffi pour noter des observations dont la précision et l'exactitude firent tomber la ville entre nos mains.

Cette fois, il n'était plus possible de marchander à La Moricière la croix de la Légion d'honneur. Il la reçut le 6 septembre 1833.

Quelques jours après la prise de Bougie, le général Trézel, qui l'avait vu à l'œuvre, écrivait : « Dans cette expédition, le capitaine de La Moricière a rendu les plus éminents services. Ses brillantes qualités militaires le rendent propre au commandement dans toutes les armes et je sollicite avec instance sa promotion au grade de chef de bataillon. Il n'y a aucune opération à laquelle il n'ait pris part ; il dirige l'exécution de tout ce qui offre quelque difficulté : coups de main, tracé des ouvrages sous le feu, conduite des colonnes, tout roule sur lui ; on le voit partout, et il est si bien connu, qu'officiers et soldats lui obéissent tout naturellement. »

Le général Voirol ayant joint ses instances à celles de son chef d'état-major, il fallut bien en tenir compte à Paris, et, malgré le mauvais vouloir des bureaux de la guerre, qui objectaient sans cesse l'âge du jeune officier, il vint prendre le commandement du bataillon pour lequel il avait déjà tant fait. Ce succès devait être pour lui mêlé de tristesse. Pendant que l'expédition de Bougie lui valait, avec un nouveau grade, la croix d'honneur et les applaudissements de ses chefs, le bureau arabe, dont il était le créateur et qui ne pouvait fonctionner en son absence, était abandonné comme une arme inutile. Désolé de la ruine d'une institution qu'il regardait comme un des plus sûrs moyens d'organiser la colonie, il appliqua du moins toute sa persévérance et toute son énergie à préserver du même sort les Zouaves qu'il venait de conduire à la victoire.

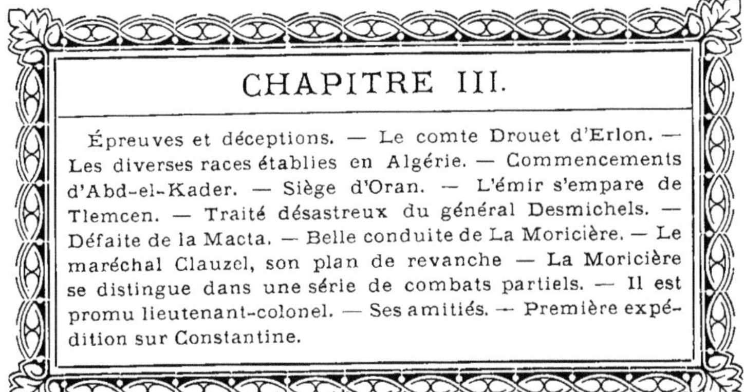

CHAPITRE III.

Épreuves et déceptions. — Le comte Drouet d'Erlon. — Les diverses races établies en Algérie. — Commencements d'Abd-el-Kader. — Siège d'Oran. — L'émir s'empare de Tlemcen. — Traité désastreux du général Desmichels. — Défaite de la Macta. — Belle conduite de La Moricière. — Le maréchal Clauzel, son plan de revanche — La Moricière se distingue dans une série de combats partiels. — Il est promu lieutenant-colonel. — Ses amitiés. — Première expédition sur Constantine.

C'EST le propre des fortunes rapides d'exciter des jalousies et des oppositions. La Moricière devait payer cher le bonheur d'avoir réussi jusque-là dans toutes ses entreprises. A son retour de l'expédition de Bougie, il eut quelques jours de tristesse sombre et de généreuse colère. Le bien qu'il avait fait comme chef du bureau arabe, allait s'annihiler.

Les Hadjoutes, froissés dans leurs convictions religieuses par le dédain sceptique des conquérants, avaient repris les armes; les Zouaves, mal payés, traités avec indifférence même après leurs plus signalés services, devenaient de plus en plus difficiles à recruter; le général Voirol, étourdi par tous les embarras de la situation et ne sachant pas choisir ses conseillers, ne suivait plus aucun plan arrêté, et c'est au moment même où s'accumulaient toutes ces fautes, que commençait à poindre la puissance de l'émir Abd-el-Kader.

La Moricière eut toutefois un moment d'espérance. Au mois d'août 1834, on nomma gouverneur le général Drouet d'Erlon. C'était un des anciens généraux de l'Empire. Le jeune chef de bataillon se berçait de la pensée, « que l'on allait enfin se mettre à l'œuvre et travailler sur une grande échelle ».

Ses premières conversations avec le nouveau gouverneur

l'eurent vite détrompé. Le comte d'Erlon, habitué aux grandes guerres de Napoléon, s'imaginait pouvoir réduire les Arabes en opposant à leurs troupes légères de solides bataillons. « Si une expédition ne suffit pas, disait-il, j'en ferai deux, trois, et nous verrons qui se lassera le plus tôt. »

La Moricière répondait avec sang-froid qu'on ne devait faire la guerre que pour avoir la paix, et que, pour avoir la paix, il fallait d'abord savoir sur qui l'on frappait, et ensuite proposer des conditions acceptables. Ceux qu'il fallait châtier, ce n'étaient pas les tribus paisibles et intéressées à la tranquillité du pays, mais les anciens cavaliers auxiliaires des Turcs, devenus voleurs de grand chemin.

Le gouverneur répliquant qu'il fallait obliger ces tribus à se joindre à nous pour exterminer les pillards, La Moricière lui démontra que presque toutes ces tribus, alliées naturelles des Français, étaient paralysées par la crainte des représailles et par le sentiment religieux :

« A quoi bon, ajoutait-il, des expéditions qui n'ont pas pour but de réorganiser dans le pays la puissance publique qui n'existe plus ? Si pour un acte de brigandage commis aux environs de Nantes vous alliez brûler cinq ou six villages, vous soulèveriez toute la population, et le trouble ne ferait qu'augmenter. C'est précisément ce que nous venons de faire dans la Metidja. »

— « Que faut-il donc faire alors ? » — demanda le général avec hauteur.

Et sans perdre son calme, le jeune officier continua : — « Réorganiser la puissance publique, faire nommer un caïd par la population amie de la paix, soutenir son autorité au lieu d'appliquer des châtiments généraux. Le gouvernement est une machine qui sert à faire vivre les hommes en paix les uns avec les autres. Quand la machine est brisée et qu'on veut la rétablir, il faut du temps, de l'argent et du travail ; on ne reconstruit pas la puissance sociale sans suivre un plan arrêté et par le seul emploi de la force brutale. »

Le comte d'Erlon conclut brusquement, en disant que si les moyens employés ne suffisaient pas, il en emploierait d'autres. Et La Moricière ajoutait tout bas : « Comme un médecin qui couperait bras et jambes à son malade, pour voir si par hasard il ne guérirait pas par ces procédés-là. »

Le généreux officier n'était pas au bout de ses déboires. Un de ses plus chers amis, Duvivier, le colonel de Zouaves que nous avons déjà vu en butte aux tracasseries administratives, était resté à Bougie après l'occupation. On l'y avait abreuvé de tant d'ennuis, qu'il était obligé de demander une seconde fois son rappel en France. Indigné d'une pareille incurie, La Moricière écrivait : « Si jamais ils me forcent aussi à partir; si, laissant mon sabre je me mets à écrire, à raconter leurs sottises, à dévoiler leurs inepties, malheur à eux ! »

Cependant il modérait lui-même son élan et ne cédait pas à la tentation d'exhaler par la voie des journaux l'humeur bien légitime qu'il laissait déborder dans l'intimité : « La presse, écrivait-il à un ami, devrait s'occuper de l'Algérie, mais sans hostilité violente contre les personnes, de manière à se rendre utile sans aigrir. Elle doit éclairer ceux qui sont au pouvoir, et non les combattre ; les diriger et non les renverser. Il faut un but plus large, le bien du pays, et c'est dans ce sens seulement que je vous autorise à publier les documents que je vous envoie. »

Le premier résultat d'une conquête ainsi entendue était de livrer les indigènes à la plus complète anarchie.

Trois races bien distinctes se partageaient le sol de l'Algérie.

On trouvait dans les villes un certain nombre de fils des Turcs, nés de femmes indigènes, et connus sous le nom de Coulouglis. Ils étaient bien disposés à l'égard des Français, et pouvaient faire d'excellents soldats.

Les Kabyles, fils des anciens chrétiens, étaient les plus nombreux. Ils habitaient les montagnes et se mêlaient rarement aux luttes dont la plaine était le théâtre. Mais si leurs mœurs et leurs intérêts les séparaient des Arabes, une foi commune devait les en rapprocher lorsqu'il s'agirait de défendre le Koran.

Les Arabes, venus de l'Orient, vivaient sous la tente au milieu de leurs troupeaux. L'organisation de leurs tribus rappelait la féodalité du moyen âge européen.

Le pouvoir des Turcs une fois tombé en même temps que les remparts d'Alger, toutes ces peuplades devaient se trouver naturellement à la merci du premier conquérant qui saurait les organiser. Les unes, comme les Douairs et les Smélas, nous priaient de vouloir bien les gouverner ; les autres se disputaient le pouvoir à main armée; d'autres enfin cherchaient à se constituer en corps de nation sous l'autorité d'un marabout vénéré, de la tribu des Hachems, nommé Sidi-el-Hadji-Mahiddin.

Celui-ci leur fit entendre qu'au lieu de s'entre-égorger, elles feraient mieux de se réunir contre les chrétiens enfermés derrière les murailles d'Oran, et de profiter de la chute des Turcs pour rétablir la nation arabe dans le pouvoir qu'elle possédait avant eux.

Les prédictions du vieux marabout eurent plein succès. Les tribus qui avoisinent Mascara voulaient le reconnaitre pour chef suprême. Il refusa cet honneur, en alléguant son grand âge ; mais en refusant pour lui, il offrit à sa place le troisième de ses quatre fils, et l'annonça comme réunissant seul toutes les qualités d'intelligence, d'activité, de valeur et de piété nécessaires pour assurer le succès de l'entreprise. Il racontait, de plus, que dans son voyage à La Mecque, un vieux fakir avait prédit à son fils qu'il deviendrait sultan des Arabes. Ce fils, c'était Abd-el-Kader, né à la *guetna* de son père, à une douzaine de kilomètres à l'ouest de Mascara.

La guetna de Mahiddin était une espèce de séminaire où les marabouts réunissaient des jeunes gens pour les instruire dans les lettres, dans la théologie et dans la jurisprudence. Abd-el-Kader se trouva ainsi de bonne heure très versé dans la lecture du Koran; ses explications surpassaient celles des plus habiles commentateurs. Il se livra aussi avec zèle à l'étude de l'éloquence et de l'histoire, et apprit avec un soin spécial l'histoire de sa nation.

La réputation d'un *thaleb* (savant) distingué ne lui fit pas négliger les exercices du corps, qui font partie essentielle de l'éducation d'un Arabe. Quoique petit de taille et médiocrement vigoureux, il se faisait remarquer par son habileté à manier le cheval, le yatagan et la lance. Pour acquérir le titre de *hadji*, il fit deux fois le pèlerinage de la Mecque en compagnie de son père, une première fois tout enfant, et plus tard en 1828, déjà jeune homme. Au retour, il se maria, puis vécut quelque temps dans l'obscurité, se distinguant par la sévérité de ses mœurs, sa piété et son zèle à observer tous les préceptes du Koran, jusqu'au moment où son vieux père le fit proclamer émir par les habitants de Mascara.

Il se mit alors à prêcher la guerre sainte, et tous deux, le père et le fils, ayant rassemblé dix mille cavaliers, vinrent, au mois de mai 1832, donner l'assaut à la ville d'Oran. Ils renouvelèrent leurs attaques pendant trois jours avec un grand acharnement, mais ils furent repoussés avec perte. Pour son coup d'essai comme soldat, Abd-el-kader se montra, dit-on, fort valeureux. Les Arabes se laissaient encore, à cette époque, facilement intimider par le feu de l'artillerie. Pour leur apprendre à le mépriser, le jeune émir aimait à lancer son cheval contre les boulets et les obus qu'il voyait ricocher, et il saluait de ses plaisanteries ceux qu'il entendait siffler à ses oreilles.

En présence de ce nouvel ennemi, dont l'audace semblait menacer déjà la conquête française, le général Desmichels qui commandait la place d'Oran, parut vouloir sortir du système d'inaction auquel avaient été condamnés ses prédécesseurs, et il se porta à la rencontre des Arabes. Après une razzia faite chez les Gharbas, il résolut de surprendre Abd-el-Kader dans son camp, par une marche de nuit. Dissuadé de ce projet, il se contenta de le repousser le lendemain, et étendit le cercle de l'occupation française en mettant garnison sur deux points importants de la côte, à Arzew et à Mostaganem (3 et 29 juillet 1833).

Cependant Abd-el-Kader, de son côté, cherchait à centraliser les forces des Arabes. Son pouvoir n'était encore reconnu que dans un rayon de quinze lieues autour de Mascara. Il résolut de le porter jusqu'à l'extrémité de la province, et il marcha sur Tlemcen. Cette ville était alors divisée en deux partis : les Turcs et les Coulouglis, qui occupaient la citadelle, et les Hadars ou Maures, qui étaient maîtres de la ville.

Abd-el-Kader commença par livrer combat aux Maures, et n'eut pas de peine à les vaincre ; le chef prit la fuite. Une fois vaincus, il les traita avec douceur, leur choisit un nouveau caïd (chef) et leur fit reconnaître son autorité, mais il ne put obtenir le même résultat auprès des Turcs, qui occupaient la citadelle ; ceux-ci refusèrent de le recevoir, et, n'ayant pas d'artillerie pour les forcer, il reprit le chemin de Mascara.

On avait cru jusqu'alors à Alger qu'il était de bonne politique de se décharger sur les indigènes de tous les embarras des subsistances.

Ce fut conformément à cette politique fatale que le général Desmichels, revêtu de pouvoirs spéciaux, accorda à Abd-el-Kader un traité qui le constituait de fait souverain de la province d'Oran, avec le droit d'en monopoliser tout le commerce, à la manière de Méhémet-Ali, dont l'émir avait étudié l'administration en Égypte.

Aux termes de ce traité (26 février 1834), tous les échanges devaient se faire exclusivement dans le port d'Arzew ; il était interdit aux Arabes de traiter directement avec les Européens; ils devaient vendre à l'agent de l'émir selon un tarif fixé par lui-même, et ce dernier revendait à sa fantaisie aux marchands européens.

Ce traité avait été divisé en deux parties, contenant : la première, les conditions des Arabes; la seconde, les conditions des Français. Le général Desmichels ne communiqua d'abord au gouvernement que la seconde, et ce ne fut qu'à la suite des réclamations que soulevait l'exécution du traité telle que l'entendait Abd-el-Kader, que l'on connut enfin la première. Il en résulta entre le gouverneur et le général Desmichels une mésintelligence qu'Abd-el-Kader sut attiser avec l'habileté la plus raffinée.

Cependant l'élévation si rapide de l'émir au premier rang des chefs de sa nation lui suscitait, à lui aussi, des rivaux.

Mustapha-ben-Ismaël, chef de la tribu des Douairs, fut le premier à se déclarer contre lui. Il surprit l'émir dans la nuit du 12 avril 1834, le mit en pleine déroute, malgré sa vigoureuse résistance, et il l'eût tué ou pris, si l'un de ses compagnons ne l'eût enlevé du milieu de la mêlée et remis à cheval.

A la première nouvelle de cette défaite, quelques autres

chefs mécontents se joignirent aux insurgés, et ce fut encore le général Desmichels qui se chargea de venir en aide à son adversaire en repoussant l'alliance du vieux Mustapha-ben-Ismaël, qui devait devenir plus tard notre plus fidèle ami. Il

Mustapha-ben-Ismaël,
chef de la tribu des Douairs.

n'hésita pas à envoyer à Abd-el-Kader des fusils et de la poudre, et se mit lui-même en campagne pour lui faciliter les moyens de prendre sa revanche.

Notre occupation ne comprenait encore qu'Alger, Bône,

Bougie, Oran, Mostaganem, Arzew, et partout nous étions bloqués par l'ennemi. Mis par le traité de Desmichels en possession de toute la province d'Oran, Abd-el-Kader conçut le projet de soumettre la province d'Alger et celle de Tittery.

Profitant de notre inertie, il traverse le Chéliff, entre en triomphateur à Médéah, destitue et nomme les autorités, déplace les tribus soumises, fait charger de chaînes les chefs des Douairs et des Smélas, alliés de la France, et rentre dans ses limites.

Le général Trézel, qui avait remplacé le général Desmichels à Oran, déclare qu'en présence de pareils faits, il ne restera point dans une inaction déshonorante ; il marche sur l'émir, le joint à La Macta, et l'attaque, quoique l'armée ennemie soit six fois plus nombreuse que la sienne. Malheureusement, la journée, brillamment commencée, se termina par une défaite (28 juin 1835). Surprise dans un défilé de La Macta, la ligne des blessés et des bagages fut rompue, et ce ne fut qu'en faisant des prodiges de valeur, et après avoir laissé cinq cents têtes à l'ennemi, que le général Trézel parvint à opérer sa retraite.

Le commandant de La Moricière, débarqué à Arzew trop tard pour empêcher ce désastre, put au moins en atténuer les tristes conséquences et en couvrir l'humiliation par un brillant acte de courage.

La bataille une fois perdue, La Moricière se voit chargé de ramener d'Arzew à Oran dix escadrons. La mer lui était ouverte ; des bâtiments pouvaient le transporter avec sa troupe ; mais c'eût été fuir et sacrifier le prestige de l'armée. La Moricière refuse la route de mer, et traverse hardiment, avec ses dix escadrons, les tribus ennemies encore dans l'ivresse de la victoire.

Nous avons cru devoir rapporter avec quelques détails les

débuts de ce grand adversaire qui exerça pendant plus de dix ans la patience, l'habileté et le courage de notre héros.

La Moricière fut le principal vainqueur de l'émir. Son esprit d'observation, sa connaissance de la langue et des mœurs des Arabes lui avaient permis de pénétrer dans les secrets de leur organisation politique et de leurs ressources militaires. C'est lui qui, le premier, discerna où résidait la force de notre ennemi, où nous devions porter nos coups.

Dans les sociétés nomades, le lien du sang suppléant à la fixité du territoire, la tribu remplace la commune.

Abd-el-Kader appartenait à la tribu des Hachems. C'était, d'ailleurs, la plus considérable par la richesse, le nombre et le courage. Il s'y était établi comme en son centre et sa capitale, et l'ayant rendue maîtresse des autres, il s'en servait pour les rattacher toutes à lui, même par la terreur, et pour les lancer contre nous. C'est de là qu'il nous défiait. Tomber sur les Hachems, c'était donc toucher Abd-el-Kader au cœur, c'était dissoudre sa puissance. Tel fut le plan de La Moricière. Mais pour l'exécuter en grand, il faudra qu'il devienne officier général. Suivons-le, en attendant, sur les divers champs de bataille où le conduit la discipline.

La nouvelle du désastre de La Macta avait soulevé en France l'opinion publique contre le système d'hésitation suivi jusqu'alors, et fait adopter au gouvernement une ligne de conduite plus ferme. Le comte d'Erlon fut rappelé en France, et remplacé par le général Clauzel, devenu maréchal (8 juillet 1835).

Celui-ci arriva en Afrique avec la volonté arrêtée de venger le malheureux général Trézel. Il y avait, pensait-il, deux grands coups à frapper, l'un dans la province d'Oran, foyer de la puissance d'Abd-el-Kader, l'autre dans la province de Constantine, encore au pouvoir des Turcs. On décida de commencer par Abd-el-Kader.

Au mois d'octobre 1835, on avait envoyé un régiment de Zouaves pour le harceler dans les montagnes. Cette simple excursion qui avait pour principal but de maintenir les troupes en haleine, fut pour La Moricière l'occasion d'un beau trait de bravoure. Nous le rapportons tel qu'il l'a consigné lui-même dans une lettre écrite à sa mère.

« Tu auras sans doute lu, lui dit-il, comme quoi le fils du général Brô, ayant été abandonné par son peloton dans une charge faite en avant de mes tirailleurs, son cheval a été tué, et lui a eu les deux cuisses traversées de la même balle. Étant tombé sur le coup, il se défendait à pied, quoique blessé, contre les Arabes, qui naturellement cherchaient à le sabrer. Le jeune homme était tombé derrière un bouquet de cactus qui m'empêchait de le voir. J'aperçois son peloton revenir sans lui, je devine ce qui se passe, je cours sur le peloton ; les hommes me disent que leur officier est pris ; je veux les ramener à la charge ; impossible. Pendant le colloque entre eux et moi, j'avais tourné sur le flanc des cactus, et je vis notre jeune homme aux prises avec trois Arabes dont il parait les coups. Deux officiers dont j'étais sûr me suivaient de près, le capitaine du génie Grand et le capitaine Bonorand ; mais leurs chevaux moins bons que le mien étaient en retard. J'arrive sur le groupe le premier ; je pare un coup de sabre destiné au jeune blessé, j'en pare un second qui m'était adressé, puis, tournant rapidement mon cheval, je prends un des Arabes par derrière, et lui enfonce un coup de pointe sous l'aisselle gauche. Celui-là, qui était le plus hardi, lâche prise, les deux autres ont un moment d'hésitation. J'en profite pour saisir mon jeune homme par le collet de son habit avec ma main droite, et, comme il n'est pas gros, en trois bonds de cheval, je l'emporte à vingt pas de là. Les deux autres Arabes me poursuivant, je suis forcé de lâcher mon blessé pour me remettre en garde ; il roule par terre entre les jambes de mon cheval. « A ce moment, nos deux camarades me rejoignirent, et la lutte fut toute à notre avantage ; nous sauvâmes le jeune homme, à la grande satisfaction de son père et de sa mère, qui sont à Alger, et qui nous ont fait de grands remerciements. »

N'entend-on pas, dans ce récit, le cri joyeux d'une conscience loyale, se félicitant d'une belle et bonne action ?

Au retour de l'expédition, le gouverneur, reconnaissant les services que rendaient les Zouaves, demanda que leur effectif fût augmenté, et fit obtenir à leur commandant le grade de lieutenant-colonel.

Cependant la revanche que poursuivait le maréchal Clauzel se faisait attendre. Le 3 décembre 1836, il marchait sans coup férir sur la capitale de l'émir, Mascara, qu'il trouvait ruinée et abandonnée. Après avoir achevé de détruire cette ville, il revenait à Oran pour se remettre en campagne le 8 janvier 1836, en se dirigeant sur Tlemcen, qu'il occupait. Après ces deux promenades militaires, durant lesquelles Abd-el-Kader n'avait cessé de l'accompagner de loin, sans s'engager sérieusement, le maréchal rentra à Alger, persuadé, à en juger par ses bulletins de victoire, qu'il avait exterminé Abd-el-Kader.

La vérité, c'est que, sans livrer de grandes batailles, on avait engagé maintes fois de brillants combats, dans lesquels l'habileté et le sang-froid de La Moricière avaient fait merveille.

Voici ce qu'il écrivait, le 11 avril 1836 : « Nous sommes partis il y a quinze jours pour aller nous établir au milieu des montagnes. Nous avons fait une route pour faire passer nos voitures par des sentiers où jadis les mulets passaient avec peine. Les tribus, ne comprenant rien à notre long séjour près du col de Mouzaïa, sont venues nous attaquer avec une audace et une vigueur inaccoutumées. Nous nous sommes battus pendant cinq jours, les 30, 31 mars, 1er, 2 et 3 avril. Le dernier jour, ils sont venus jusque sur nos baïonnettes pour nous enlever. Mais les pertes qu'ils ont éprouvées les ont dégoûtés de ce genre d'attaque. Cependant étant venus sur nous, comme disent les marins, à longueur de gaffe, ils nous ont fait du mal tout en se faisant battre. Nous avons eu 188 hommes hors de combat, dont 50 morts ; mon bataillon en a eu à lui seul la moitié. Les Arabes ont dû perdre 500 hommes. Le 4, ils avaient disparu, et nos voitures ont pu arriver à Médéah, où nous avons installé un nouveau dey. Nous sommes repartis le 7 et revenus sans tirer un coup de fusil, couchant dans la neige au col, et mangeant des oranges aux arbres de Blidah. »

Si la vie était dure et si la victoire définitive tardait à venir, La Moricière profitait de l'intimité qu'amène la vie des camps pour nouer des relations et se concilier des sympathies qui devaient honorer sa carrière.

C'était le duc d'Orléans, que le roi, son père, envoyait en Algérie pour donner plus d'éclat à cette campagne, et qui appréciait, dès son arrivée, les vastes connaissances et la sûreté de vues du lieutenant-colonel des Zouaves ; c'était le capitaine Cavaignac, chargé alors de défendre Tlemcen contre l'émir avec une troupe de 600 volontaires, et dont la grandeur d'âme et la sérénité étaient seules capables de maintenir le moral d'une troupe ainsi condamnée à un isolement absolu ; c'était enfin le capitaine de Martimprey, attiré alors vers La Moricière par une admiration émue qui devait faire place, plus tard, à un fidèle attachement. Il l'avait vu pour la première fois, le

1er décembre 1835, dans une reconnaissance faite au milieu des masses ennemies, et il avait ainsi noté ses impressions : « Monté, dit-il, sur un cheval très brillant, coiffé d'un tarbouch rouge d'où s'échappaient de longs cheveux noirs, un sabre droit à la main, il était plein d'action, d'entraînement et de sagesse dans la conduite de ses intrépides soldats. Une auréole de gloire entourait cette belle figure. »

L'effet produit sur les Arabes n'était pas moins puissant. Ils eurent bientôt une telle frayeur de la coiffure des Zouaves, qu'ils ne les attendaient plus nulle part.

Malheureusement, les Zouaves ne pouvaient se multiplier,et le reste de l'armée n'était pas formé encore à la guerre nouvelle qu'il fallait faire à Abd-el-Kader.

Quelque temps après l'inutile expédition du maréchal Clauzel, le général d'Arlanges partit d'Oran pour conduire un convoi de ravitaillement à Tlemcen, où devaient s'exécuter des travaux de communication avec la mer. Pendant sa marche, il rencontra l'émir qui revenait de la frontière du Maroc avec des forces considérables. Le combat fut des plus vifs, mais le général français, n'ayant que 1800 hommes à opposer à 6000 chevaux et 7000 fantassins, fut repoussé avec perte (24 avril 1836).

La Moricière, qui, sur ces entrefaites,avait obtenu une permission de deux mois, et se préparait à aller embrasser sa mère, crut alors qu'il était de son devoir de retarder son voyage en France. Il offrit de former avec 400 Zouaves l'avant-garde des troupes qui iraient au secours du général d'Arlanges, enfermé par l'ennemi entre Oran et Tlemcen. Mais il n'eut que le mérite de son dévouement ; la gloire d'opérer cette délivrance était réservée à un nouveau venu, bientôt illustre, au général Bugeaud.

Restait à exécuter la seconde partie du plan du maréchal Clauzel, la prise de Constantine. C'était l'unique ressource de ce chef malheureux pour sauver l'honneur militaire. Les circonstances, il faut le dire, étaient loin de le favoriser. Les bureaux de la guerre, n'entendant point parler de grande bataille, avaient réduit de plus en plus l'effectif de l'armée d'occupation. Abd-el-Kader, chef d'une armée de plus en plus nombreuse et fanatique, fort de la supériorité qu'assuraient à ses troupes la connaissance parfaite du pays et l'habitude du climat, n'attendait qu'une diversion de la part des généraux ennemis pour porter ses coups jusqu'à Alger.

Cependant il fallait prendre Constantine. Le maréchal Clauzel avait prédit cette victoire si haut et avec tant d'assurance, qu'un recul ou même un délai, l'eût alors perdu dans l'opinion.

Cette expédition, entreprise dans les conditions défavorables que nous venons d'énumérer, contrariée d'ailleurs par les pluies torrentielles et par l'imprévoyance des chefs, était condamnée d'avance. Malgré l'héroïsme de Duvivier, l'armée dut battre en retraite, semant la route de malades et de blessés, protégée, au dernier moment seulement, par la rare énergie du commandant Changarnier.

En couvrant la retraite, celui-ci avait dit à son bataillon : « Amis, ces gens-là sont six mille et vous êtes trois cents ; la partie est égale ! » En effet, la résistance de ces trois cents sauva le corps expéditionnaire ; mais l'entreprise avait échoué. Le maréchal Clauzel, rappelé en France, fut remplacé par le général Damremont.

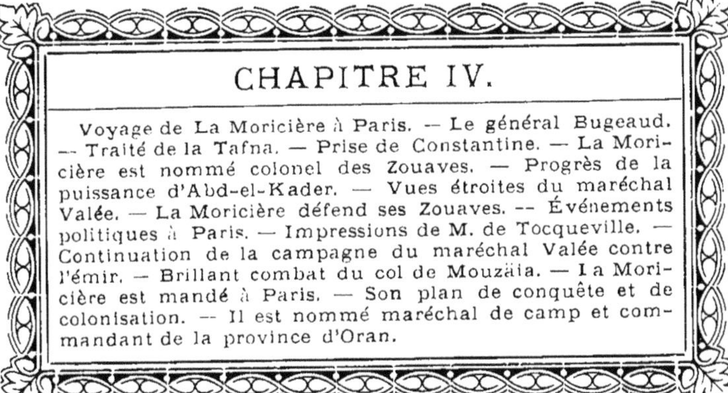

CHAPITRE IV.

Voyage de La Moricière à Paris. — Le général Bugeaud. — Traité de la Tafna. — Prise de Constantine. — La Moricière est nommé colonel des Zouaves. — Progrès de la puissance d'Abd-el-Kader. — Vues étroites du maréchal Valée. — La Moricière défend ses Zouaves. — Événements politiques à Paris. — Impressions de M. de Tocqueville. — Continuation de la campagne du maréchal Valée contre l'émir. — Brillant combat du col de Mouzaïa. — La Moricière est mandé à Paris. — Son plan de conquête et de colonisation. — Il est nommé maréchal de camp et commandant de la province d'Oran.

IL fallait à tout prix que la France relevât vis-à-vis des populations algériennes, le prestige de ses armes. Au commencement de 1837, pendant que commençaient les préparatifs de la seconde expédition de Constantine, La Moricière se hâta de venir en France pour saluer enfin sa mère qu'il n'avait pas vue depuis plus de six ans.

Pendant son séjour à Paris, malgré l'attention dont il fut l'objet et l'estime que lui témoignèrent en particulier le comte Molé, président du ministère, et M. Thiers, alors chef très influent de l'opposition, il s'occupa, non de sa propre fortune, mais de l'avenir de l'Algérie, auquel il voulut intéresser tous ceux qui pouvaient influer sur les déterminations du gouvernement.

De retour à son poste, pour tranquilliser sa mère, il croit pouvoir lui écrire : « Avant quelques mois, je verrai les Zouaves tout à fait organisés. Ce sera bien quelque chose. Alors seulement je pourrai me reposer. » Mais en même temps, témoin intelligent et désolé de l'impuissance à laquelle est réduite l'armée, qui n'est « qu'une machine destinée à produire de la gloire au profit d'officiers qui viennent chercher un grade dont ils ont besoin pour accroitre leur bien-être à Paris », il conclut par ce triste pronostic: « Nous sommes destinés à devenir la risée de l'Europe. »

Il faut avouer que les premiers actes diplomatiques du général Bugeaud en Afrique n'étaient point pour lui donner un démenti. Appelé, comme nous l'avons vu, afin de secourir le général d'Arlanges bloqué par Abd-el-Kader, Bugeaud avait débuté par un brillant engagement avec l'émir. Le 6 juillet 1836, il attaquait son ennemi au passage de la Sikkah, et le forçait à céder le champ de bataille après avoir perdu douze ou quinze cents hommes. Mais, au lieu de presser les conséquences de cette victoire, il laissa Abd-el-kader reprendre haleine, se rétablir dans son autorité, et, quelques mois après, il traitait avec lui sur le pied d'égalité, comme s'il eût été battu lui-même. Ce traité de la Tafna, si vivement critiqué, et qui méritait de l'être, livrait à Abd-el-Kader presque les trois quarts de l'Algérie (les provinces d'Oran, de Tittery et une partie de celle d'Alger) et lui réservait la faculté d'acheter en France la poudre, le soufre et les armes dont il aurait besoin.

Une fois qu'il connut les véritables conditions de la paix, La Moricière les apprécia sévèrement, et y chercha une explication qui pût s'accorder avec la haute estime qu'il professait pour les talents militaires de Bugeaud. « Je ne puis, écrivait-il le 25 juin, concilier un pareil acte avec l'opinion que je m'étais faite du caractère du général Bugeaud, et je ne sais pourquoi je suis convaincu que le roi est pour quelque chose dans cette machiavélique affaire, et que, suivant l'habitude, il aura donné au général Bugeaud des instructions particulières pour acheter la paix à tout prix. Le général se sera dévoué et aura sacrifié ses scrupules. Nous voilà réduits, comme Rome, à acheter la paix des barbares: c'est un triste rôle à jouer que de servir un pouvoir qui corrompt tout ce qu'il touche. »

Quoi qu'il en soit des soupçons de La Moricière, Bugeaud

Bugeaud à la Sikkah (Galerie historique de Versailles).

ne fut point désavoué. On paraissait se féliciter d'avoir obtenu la paix, à n'importe quel prix, dans l'ouest de la colonie, pendant qu'on préparait une nouvelle expédition contre le bey de Constantine. Peut-être escomptait-on déjà la gloire qu'on allait recueillir dans cette expédition pour effacer les pénibles souvenirs du traité de la Tafna.

Cette fois, du moins, les espérances même les plus optimistes, devaient être dépassées, et le nom de La Moricière allait être, après Constantine, inscrit parmi les grands noms de l'armée. Il est vrai qu'à ce second siège, brillait la fleur de nos bataillons: Damremont, qui y mourut de la mort de Turenne, le duc de Nemours, Valée, Rulhières, Combes, Bedeau, Le Flô, Mac-Mahon, Crény, Canrobert.

Le siège fut admirable ; la bravoure des défenseurs était digne de celle des assaillants. Le 13 octobre 1837, la brèche était faite. Parmi les braves choisis dans toute l'armée et ayant réclamé l'honneur de donner le signal de l'assaut, personne n'avait songé à disputer le premier rang aux Zouaves ni à leur chef.

« Si la moitié de vos hommes tombent sur la brèche, les autres tiendront-ils ? » avait demandé le général en chef. — « J'en réponds, » dit La Moricière. — « Eh bien ! vous avez le commandement de la première colonne. »

Le brave colonel Combes, précipité de la brèche, était venu, blessé mortellement, tomber aux pieds du duc de Nemours : « Monseigneur, mon devoir m'ordonne de vous dire que la brèche est impraticable. » Et cela dit, il meurt. Le maréchal Valée était dans une affreuse perplexité. Après une minute d'hésitation, sa résolution est prise : « Il faut, dit-il à La Moricière, enlever la brèche, praticable ou non, à tout prix. » La Moricière s'élance à l'assaut, à sept heures du matin, jetant à sa colonne ce mâle commandement : « Mes Zouaves, à vous ! debout ! au trot ! marche ! »

Vue de Constantine.

En quelques minutes, la colonne était au sommet de la butte escaladée sous une pluie de balles. Tout à coup, le terrain oscille et tremble ; il se fait une épouvantable explosion ; une mine cachée saute sous les pas de La Moricière, le lance en l'air, l'ensevelit tout vivant sous les débris du rempart écroulé. Le commandant de Sérigny est écrasé dans l'éboulement; tous les soldats de La Moricière disparaissent dans la fumée et dans la poussière ; un instant, on le croit étouffé sous les débris; mais la route est ouverte aux colonnes d'attaque. Après une effroyable lutte, Constantine était prise.

C'est alors qu'on découvrit le lieutenant-colonel des Zouaves et qu'on le ramassa, au milieu d'un groupe d'êtres humains noircis par la poudre, aux vêtements calcinés et aux chairs brûlées. Son visage était noirci, brûlé aussi, et ses yeux parurent perdus pendant quelques jours ; mais enfin il vivait, et il put jouir d'une victoire si chèrement achetée.

Les généraux, par une inspiration toute française, voulurent qu'à l'ambulance, on jetât sur son lit de camp, pour couverture, le drapeau de Constantine. Le pinceau d'Horace Vernet a immortalisé cette scène, et tous ceux qui ont parcouru les galeries du Musée de Versailles ont pu en admirer la sévère grandeur.

C'est à la suite de ce fait d'armes que M. de Tocqueville, dans une lettre écrite en novembre 1837, s'exprimait ainsi au sujet du brillant lieutenant-colonel : « Je m'intéresse sans cesse, et plus que je ne puis me l'expliquer, à La Moricière. Cet homme m'entraîne malgré moi ; et quand j'ai lu le récit de son assaut à Constantine, il m'a semblé que je le voyais arriver le premier au haut de la brèche, et que toute mon âme était un instant avec lui. Je l'aime aussi, pour la France, car je ne puis m'empêcher de croire qu'il y a un grand général dans ce petit homme-là. »

A peine guéri de ses blessures, La Moricière envoyait à sa mère le grand drapeau rouge pris sur la brèche, deux peaux de tigre et deux peaux de lion achetées à Constantine. Pour lui, il recevait, quelques jours après, sa nomination de colonel des Zouaves. Il avait 32 ans.

Cependant l'exécution du traité de la Tafna suscitait de nombreuses difficultés. La question des limites était très importante. Abd-el-Kader exploita l'obscurité du texte pour s'étendre dans l'Est, et éluda sans cesse nos propositions de règlement. Au mois de décembre 1837, il plaçait son camp dans le voisinage de Hamza, où il recevait la soumission de toutes les tribus de ces contrées.

Les progrès de l'émir jetèrent l'alarme jusqu'à l'extrémité de la Mitidja, et le général Valée, à qui la prise de Constantine avait valu le titre de maréchal avec les pouvoirs de gouverneur-général, se vit dans l'obligation, pour rassurer les esprits, d'établir un camp de deux mille cinq cents hommes à Coléah, sur le haut Khamir.

C'est encore à La Moricière que fut confiée cette mission, moins glorieuse, mais non moins importante que l'expédition de Constantine.

Il était occupé à consolider ses positions au milieu des terres ravagées par l'émir, lorsqu'une douloureuse nouvelle vint l'appeler à Paris. Son frère Joseph venait de mourir subitement au Mexique, et il accourait consoler sa mère.

Pendant les sept mois qu'il passa en France, au lieu de s'abandonner aux douceurs d'un repos bien gagné, il continua de travailler pour ses chers Zouaves.

Chose étonnante ! le maréchal Valée, qui devait, en quelque sorte, sa fortune à ce corps d'élite, puisqu'il lui devait la prise de Constantine, n'avait pour lui qu'une malveillance mal dissimulée, parce que, disait-on, il coûtait plus cher à entretenir que les autres; aussi avait-il entrepris d'en réduire peu à peu l'effectif et d'en entraver le recrutement, jusqu'à ce qu'il disparût par voie d'extinction.

La Moricière employa, à Paris, toute l'influence que lui donnait sa belle conduite en Afrique, pour détourner ce coup, et il y parvint, mais au prix de combien d'efforts et de démarches !

Cette hostilité sourde et ces manœuvres obliques n'empêchaient pas ce grand cœur de proclamer les mérites réels de son chef :

« Enfin sous l'administration du maréchal Valée, écrivait-il, la question d'Afrique a réellement fait un pas ; elle a véritablement été traitée comme elle doit l'être au point de vue de la politique et de l'organisation. Les préoccupations du général en chef ont cessé de remplir la première place dans l'esprit du gouverneur, qui a compris l'étendue de sa mission. La guerre n'est plus l'état normal, nécessaire, indispensable de l'armée française campée sur la côte d'Afrique. Elle n'apparaît plus que comme un moyen passager pour préparer la colonisation. Les relations avec les Arabes sont plus intelligentes; on arrive enfin à comprendre l'importance qu'il y a à ménager des gens qui, suivant notre conduite, seront des auxiliaires ou des ennemis, mais qui ne peuvent rester neutres dès qu'ils deviennent nos voisins. L'occupation de la province de Constantine, bien qu'elle laisse encore beaucoup à désirer, est néanmoins un grand fait accompli. »

Si le travail de colonisation avançait, il y avait pourtant toujours un point noir à l'horizon : c'était la puissance d'Abd-el-Kader. Malgré l'occupation de Blidah et de Coléah, le maréchal Valée n'avait pu l'empêcher de tenir campagne et d'inquiéter nos possessions encore assez peu étendues.

C'est au milieu de ces circonstances pénibles qu'arrivait en France, le 31 mars 1839, la chute du cabinet Molé, qui emportait l'estime et les regrets de tous les vrais patriotes. Qu'allait devenir, au milieu des incertitudes et des découragements qui s'emparaient de tous les hommes de cœur, la question de l'Algérie ?

Le fidèle ami de La Moricière, de Tocqueville, ne voyait peut-être pas, dans toute sa gravité, la situation de la colonie, lorsqu'il lui adressait cette lettre pour le féliciter du maintien des Zouaves :

« Je ne puis vous dire, mon cher ami, le plaisir que j'ai ressenti en voyant au *Moniteur* qu'enfin vous l'aviez emporté et que vous étiez maintenu. Vous avez fait reculer, non seulement le maréchal, mais l'ordre du budget, adversaire plus redoutable encore. C'est une belle victoire, qui n'est due qu'au mérite des Zouaves, et surtout au vôtre, car tout ce que nous avons pu dire en public et en secret eût été inutile, croyez-le, si la clameur populaire ne vous fût venue en aide ; et cette clameur-là, ce n'est pas l'intrigue, ni même les bons arguments qui la font naître, ce sont les grands faits. Un colonel de l'Empire que je voyais l'autre jour, et qui est bon juge en cette matière, me disait que vous étiez aujourd'hui à la tête du premier corps, non seulement de l'armée française, mais encore de toutes les armées actuellement existantes. Je crois qu'il avait raison. Je ne puis penser à vous sans vous porter une grande envie, non seulement à cause de la belle réputation que vous vous êtes acquise, mais surtout quand je songe à la manière dont se passe votre vie. J'ai tellement vécu au milieu des incertitudes, des tâtonnements, des actes sans résultat, de la mollesse et de l'abus misérable de l'esprit qu'on rencontre dans la vie littéraire et politique, qu'il me semble qu'on doit éprouver une grande jouissance au milieu de l'action simple et rapide que comporte et que nécessite la vie militaire. Les petites passions molles et improductives que je vois fourmiller autour de moi me pousseraient dans l'armée, si j'étais plus jeune, ou chez les trappistes, si j'étais plus dévot. Mais n'étant ni l'un ni l'autre, je me résigne, et j'attends pour voir s'il n'apparaîtra pas enfin sur l'horizon politique quelque chose, en homme ou en événements, de plus grand que ce que nous voyons. C'est, je vous assure, un grand bonheur pour vous d'avoir pu continuer votre chemin sans entrer à la Chambre. Dans ce moment, il est bien difficile d'y faire autre chose que de s'y diminuer. Je ne crois pas qu'à l'heure qu'il est, il y ait un seul de mes collègues qui sache, non pas précisément, mais à peu près, où il va et avec qui il marche... Mais j'aime mieux vous parler d'Alger... »

Hélas ! à Alger l'inquiétude était aussi vive, si les désillusions étaient moins complètes. Dans la prévision de la reprise des hostilités, l'émir s'était créé une seconde ligne de défense en arrière des villes de l'intérieur, sur la limite du désert. Ainsi, au sud de Médéah, il avait établi un poste et des magasins à Boghar ; au sud de Mostaganem, il avait relevé les ruines de Tagdempt ; plus à l'ouest, Saïda correspondait à Mascara ; enfin, au sud de Tlemcen, il créait le poste de Sebdou. Il faisait servir ses établissements à augmenter ses moyens d'action sur les tribus du sud. Il nommait un Khalifa pour toute cette population nomade qui venait annuellement faire ses approvisionnements de grains dans le Tell. Son influence s'étendait jusque dans les oasis Sahariennes, qui relevaient autrefois de Constantine, et où les chefs nommés par nous n'avaient pu faire reconnaître leur autorité.

Le passage d'une armée française à travers le défilé des

Portes-de-fer causa une immense impression de terreur parmi les indigènes. Abd-el-Kader profita habilement de cette occasion pour prêcher la guerre sainte et réaliser les projets que le traité de la Tafna lui avait donné le moyen de mûrir.

Enhardi par l'imprudente sécurité du maréchal Valée, qui lui avait permis de tout préparer pour une insurrection générale, Abd-el-Kader donna, le 14 décembre 1839, le signal d'une lutte désespérée. Nos colons, surpris dans la Mitidja, sont massacrés par les Hadjoutes, nos établissements brûlés et pillés ; les coureurs de l'ennemi pénètrent jusque dans le massif d'Alger ; enfin nous ne possédons plus que les territoires compris dans les enceintes fortifiées.

La nécessité de sauver l'honneur donna de la décision au maréchal Valée. Le 31 décembre, n'ayant à sa disposition que trois mille hommes, il attire l'émir dans la plaine de Bouffarik, lance sur lui ses troupes, qui, sans tirer un seul coup de fusil, culbutent les bataillons réguliers, et enlèvent à l'ennemi ses canons et ses drapeaux. Abd-el-Kader est forcé de repasser l'Atlas.

Le plan de Valée consistait à faire une guerre opiniâtre et patiente à son adversaire. Il voulait anéantir ses établissements, placer nos troupes et les autorités dans les grands centres commerciaux et militaires, sur une ligne parallèle à la mer, de Constantine à Tlemcen ; il voulait avoir dans chacun de ces grands centres une force capable de fournir une colonne de trois à quatre mille hommes toujours prête à rayonner au loin pour combattre et châtier les tribus rebelles. La chute du ministère Molé faillit entraîner la ruine de ces projets, et ils n'auraient pas été repris sans l'intervention des ducs d'Orléans et d'Aumale, qui, attirés par l'espérance d'une expédition décisive contre l'émir, demandèrent de venir eux-mêmes prendre une part active à la guerre.

Ils débarquèrent l'un et l'autre à Alger le 13 avril 1840.

Le duc d'Orléans au col de la Mouzaïa, d'après le tableau de Philippoteaux.

Mais les opérations du vaste plan suivi par le maréchal Valée n'amenèrent aucun résultat décisif, bien que dans vingt actions de guerre meurtrières, l'armée française eût donné aux indigènes une haute idée de sa bravoure.

Parmi ces faits d'armes, il faut compter l'héroïque défense de Mazagran par une poignée de soldats, et surtout le brillant combat du col de Mouzaïa.

C'est ici que nous retrouvons La Moricière, accouru de Coléah avec son régiment de Zouaves.

Tous les « Africains », Duvivier, Changarnier, Bedeau, semblaient s'être donné rendez-vous pour l'assaut du col qu'Abd-el-Kader avait résolu de défendre avec 12,000 cavaliers et 6,000 à 7,000 fantassins.

Nous empruntons le récit de cette grande action à l'éloquent évêque qui a célébré si dignement les vertus militaires de notre héros, à Mgr Dupanloup :

« Les Kabyles couronnaient ce point, le plus élevé de l'Atlas ; un triple rang de redoutes garnies d'ennemis ajoutait à la difficulté des lieux des obstacles insurmontables. La Moricière s'élance avec ses Zouaves ; ils gravissent avec les genoux et avec les mains les pentes escarpées ; les premières, les secondes redoutes sont enlevées ; mais tout à coup, avant d'arriver aux troisièmes, ils rencontrent une gorge profonde, qui les en sépare, et du retranchement formidable qui la surmonte partent à demi-portée de fusil des coups innombrables, et de toutes les crêtes qui dominent la position, les Arabes accourus en masse dirigent de tous côtés sur La Moricière et ses soldats des feux plongeants. Le reste de l'armée, qui était encore au pied de la montagne et gravissait, eut un moment d'anxiété terrible pour cette brave troupe. Une colonne, chargée d'enlever le pic principal, avait d'ailleurs disparu dans le brouillard. Mais tout à coup, au milieu d'une effroyable fusillade, on entend un bruit lointain de tambours et de clairons qui monte au milieu de la nuée, de l'autre côté de la montagne. C'est Changarnier, avec son 2e léger, qui a tourné l'ennemi et qui approche. Les Zouaves de La Moricière, électrisés, n'attendent plus ; par un irrésistible élan, ils franchissent la gorge, emportent les retranchements, dispersent comme un troupeau les Kabyles, et La Moricière vainqueur reçoit sur les hauteurs emportées Changarnier qui arrive, avec huit balles reçues dans ses habits et ses épaulettes, et ils se serrent la main ! »

Cependant, nous l'avons dit, cette expédition avait été plus brillante que féconde. Abd-el-Kader, entravé dans sa marche en avant, n'en était pas moins tout-puissant dans les positions qu'il avait conquises.

Pas de sécurité assurée, et, par suite, pas de colonisation possible, tant que cette puissance religieuse et militaire ne serait pas frappée au cœur. Fatigué d'une situation embarrassée et qui menaçait d'être sans issue, le gouvernement résolut d'en finir coûte que coûte, et se décida, dans ce but, à employer les grands moyens.

Thiers, le président du nouveau ministère, avait eu l'occasion d'apprécier la sagacité et la sûreté de vues de La Moricière. A peine instruit de sa belle conduite au col de Mouzaïa, il le mandait à Paris.

C'était pour La Moricière une occasion, unique peut-être, de faire triompher les projets qu'il caressait depuis longtemps pour sa chère Algérie ; aussi exposa-t-il avec plus de vigueur et de netteté que jamais des idées que les événements ne s'étaient que trop chargés de confirmer.

Selon lui, il fallait d'abord renverser, à tout prix, la puissance de l'émir. Pour cela, il était nécessaire de l'attaquer au centre même de ses forces, dans la province d'Oran. On lui enlèverait ensuite sa capitale de Mascara, ses villes de refuge de Tagdempt et de Tlemcen; on lui ôterait l'appui de ses compatriotes fidèles, les Hachems ; enfin on le séparerait de la frontière du Maroc, dont l'empereur, autant par prudence politique que par fanatisme religieux, ne pouvait que seconder ses vues.

L'émir une fois dompté, il serait facile de soumettre et de gouverner le pays. On tirerait parti de la puissante organisation des tribus pour assurer partout le maintien de l'ordre, la sécurité des routes, l'exercice de la justice, la perception des impôts. La conquête une fois assurée, on s'occuperait avec succès de la colonisation. Au lieu d'exterminer les Arabes ou de les chasser de leur pays, on tâcherait de les y faire vivre côte à côte avec les Européens, en les associant aux bienfaits d'une civilisation supérieure à la leur. Ce qu'il fallait pour obtenir ce résultat, ce n'étaient, ni les promenades militaires du maréchal Clauzel, ni les engagements partiels du maréchal Valée, c'était une attaque vigoureusement conduite sur Mascara, avec une division tout entière.

Le plan du jeune colonel fit merveille. On le nomma maréchal de camp, bien qu'il n'eût que trente-quatre ans, et, le jugeant seul capable d'accomplir la mission qu'il avait conçue, on lui confia le commandement de la province d'Oran et de toutes les troupes qui allaient y opérer. L'effectif de ces troupes dépassait le chiffre d'une division, et sauf le titre, cette nomination faisait de La Moricière le plus jeune général de l'armée française.

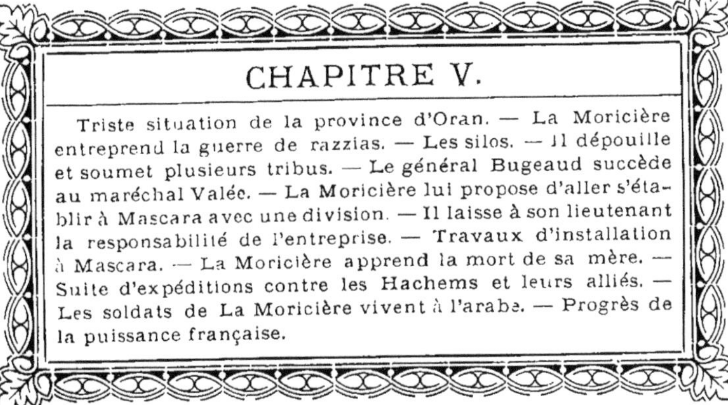

CHAPITRE V.

Triste situation de la province d'Oran. — La Moricière entreprend la guerre de razzias. — Les silos. — Il dépouille et soumet plusieurs tribus. — Le général Bugeaud succède au maréchal Valée. — La Moricière lui propose d'aller s'établir à Mascara avec une division. — Il laisse à son lieutenant la responsabilité de l'entreprise. — Travaux d'installation à Mascara. — La Moricière apprend la mort de sa mère. — Suite d'expéditions contre les Hachems et leurs alliés. — Les soldats de La Moricière vivent à l'arabe. — Progrès de la puissance française.

DANS l'élévation rapide dont il était l'objet, La Moricière voyait, avant tout, une source de responsabilités. Elles étaient, en effet, redoutables. Dans la province d'Oran, il semblait qu'on eût rétrogradé de cinq ans, au lendemain de la Macta, à l'époque néfaste où les garnisons, retenues en arrière des blokhaus, laissaient les Arabes parader triomphalement en plaine.

Autour d'Oran, nous occupions à peine un espace de trois lieues, s'étendant du cap du Figuier à Miserghin. Et encore n'y avait-il aucune sécurité à parcourir cet étroit domaine. Bou-Hamedi, lieutenant d'Abd-el-Kader, y portait sans cesse le pillage ; ses hommes venaient presque chaque jour ravager les moissons et enlever les troupeaux des Douairs et des Smélas, seuls fidèles à notre cause. De plus, l'état sanitaire était mauvais, le découragement universel, la misère de nos alliés profonde ; la province était, en un mot, perdue pour nous, si, par de prompts secours, on ne venait raffermir l'autorité des chefs.

C'est au milieu de cette détresse que fut envoyé La Moricière. Il s'occupa d'abord de relever le moral des troupes en procurant des soins aux soldats malades et en veillant, avec une rare intelligence, à tous les détails de leur hygiène. Il interrogea ensuite les Arabes pour se faire de la situation de nos ennemis et de nos alliés une idée parfaitement nette. Les difficultés de la tâche n'effrayaient point son activité. Il retrouvait, d'ailleurs, sur les lieux mêmes, deux hommes, dont l'un était depuis longtemps déjà son ami, et l'autre, jadis dédaigné par les officiers français, devait devenir un de ses plus fidèles auxiliaires.

Le premier était le capitaine de Martimprey, qu'un séjour de plusieurs années à Oran avait déjà familiarisé avec le pays, et qui devait pour longtemps mettre son activité et son dévouement au service du nouveau commandant de la province. Le second était l'ennemi personnel d'Abd-el-Kader, le fameux chef des Douairs, Mustapha-ben-Ismaël. Ce vieux guerrier à la longue barbe blanche, à l'œil de feu, portait sur sa physionomie l'énergie intrépide et l'héroïque fidélité dont il devait donner tant de preuves à la tête de sa tribu.

Afin de remettre les troupes en haleine, La Moricière commença à faire des razzias avec les Chasseurs d'Afrique du colonel Randon, les Spahis du commandant Montauban, les 13e et 15e léger.

Il était toujours prêt à déboucher du Figuier ou de Miserghin et décidé à ne plus laisser Bou-Hamedi parcourir impunément nos possessions.

Le temps n'était plus où le maréchal Valée imposait ses volontés au gouvernement. Obligé de se plier aux instructions du ministre, qui avait fait sien le plan de La Moricière, voici ce qu'il écrivait, lui, l'ennemi de la razzia, lui, l'adversaire des colonnes mobiles, au commandant de la province d'Oran : « Le rôle de votre division devra être de tenir la campagne, de manière à inquiéter sérieusement l'ennemi, à lui faire éprouver des pertes considérables, à attirer dans notre alliance les tribus, à faire peser sur celles qui resteront hostiles le poids de la guerre.

Nos opérations devront commencer par une attaque, tenue autant que possible secrète, contre les Gharabas et les Beni-Amer. Ravager le pays au sud du lac, enlever les troupeaux, puis, si on le pouvait, se porter sur la plaine de l'Habra, empêcher les tribus d'ensemencer les terres, tel est le but qu'il conviendrait d'atteindre. »

La Moricière pouvait envisager l'avenir avec confiance : ses idées étaient adoptées par celui qui les avait combattues le plus vivement jusqu'alors. N'ayant plus à craindre les hostilités déguisées qui l'avaient si souvent paralysé, il était sûr de vaincre.

Le mont Tlélat était alors occupé par la grande tribu des Beni-Amer, population perfide qui avait jusque-là échappé à toutes les dominations. Un peu plus bas campaient les célèbres Hachems, divisés en Gharabas et Cheragas, toujours prêts à s'abattre sur les denrées de nos colons.

Le 21 octobre 1840, sous prétexte d'une revue, 3,000 hommes d'infanterie, une batterie de montagne, 700 chevaux du 2e Chasseurs d'Afrique, 400 Spahis, 500 Douairs et Smélas étaient rassemblés au Figuier. La Moricière les porta rapidement sur le haut Tlélat. Il y avait là un important campement de Hachems-Gharabas et de Beni-Amer, sous les ordres de leurs aghas Ben-Yacoub et Sidi-Zin.

La surprise au point du jour fut complète, et le butin énorme : environ un millier de bœufs, 3,000 moutons et chèvres, 60 chevaux, 30 chameaux, 300 ânes, de l'orge, des poules, du blé, des tentes, des tapis, des bijoux, etc.

Les femmes de Ben-Yacoub étaient tombées aux mains des vainqueurs. L'agha offrit de payer largement leur rançon, pourvu qu'elles n'eussent pas subi d'insultes ; autrement, il les abandonnait « pour être salées et mangées ». C'était, paraît-il, l'expression courante chez les Arabes en pareil cas. Les prises furent soigneusement recueillies et livrées à l'intendance pour une somme de 32,000 francs, que l'on partagea entre les soldats, les alliés et les pauvres de la province.

En attendant que ces petites distributions, qui se répétèrent dans la suite, eussent amélioré le sort du soldat, il fallait vivre en campagne. Or, étant donné le but de La Moricière, c'était là un problème d'une solution difficile. Pour frapper les Hachems, il fallait les atteindre, et comment les atteindre quand la durée de nos expéditions se mesurait à la quantité de vivres que nous pouvions emporter avec nous, tandis que la rapidité de notre marche, à travers un pays inégal et sans routes dépendait de la légèreté de nos bagages ? D'autre part, comment subsister sans emporter nos vivres au sein d'une contrée qui, sous nos pas, devenait déserte et paraissait sans ressources? « Les Arabes le font bien, dit un jour La Moricière à ses Zouaves, nous ferons comme eux. » Et il le fit : avec quatre jours de vivres, il lui arriva de tenir la campagne pendant vingt-deux jours.

Il avait étudié les ruses de guerre des Arabes. Il les avait épiés creusant le sol, enfouissant la récolte et la retrouvant intacte après le passage des troupes françaises, au fond des greniers souterrains sur lesquels leurs ennemis avaient campé sans les découvrir. Dès lors, il imagina de mettre ses troupes en campagne sans autres bagages que des moulins à bras avec lesquels les soldats devaient faire eux-mêmes leur pain.

Se trouvant un jour à la tête d'une colonne à laquelle il avait communiqué la vivacité de ses propres allures, il s'avança pour tourner l'ennemi, fondre tout à coup sur ses derrières et l'envelopper enfin dans une étreinte décisive. Lorsqu'au début de ce mouvement rapide, mais étendu, les troupes demandèrent des vivres : « Il y en a sous la terre que vous foulez en ce moment, leur dit La Moricière, fouillez-la. » On vit alors les soldats pressés par la nécessité se ranger d'eux-mêmes sur une largeur d'une ou deux lieues en ligne serrée, et sonder de leurs baguettes de fusil chaque pouce de terrain, jusqu'à ce qu'ils eussent rencontré la pierre qui fermait les greniers souterrains. Les *silos* furent découverts, et nos régiments apprirent à reconnaître ce que jusqu'alors l'Arabe seul avait pu voir: les indices qui signalaient à la surface du sol ces invisibles dépôts. Pour la viande, une razzia la fournissait.

La Moricière excellait dans ce genre d'expéditions, auxquelles, du reste, il dut se borner pendant les premiers mois de son séjour dans la province d'Oran. Après avoir subi les pertes considérables dont nous avons parlé plus haut, les tribus ennemies s'étaient toutes retirées à une distance d'au moins vingt lieues d'Oran ; mais La Moricière avait pris à tâche de les réduire, et il ne craignit pas de les poursuivre au centre même de leurs possessions.

Le difficile était d'arriver sur l'ennemi sans avoir été signalé par ses vedettes. La Moricière y parvint en détournant son attention par un habile stratagème. Tous les jours il envoyait dans une plaine voisine d'Oran quelques centaines d'hommes pour y couper de l'alfa, sorte de jonc qui, pour les soldats, remplaçait très bien la paille. Un jour, il partit lui-même avec eux, et, au lieu de revenir, continua sa route dans la même direction. Il avait choisi le Rhamadan, que les chefs des Beni-Amer fêtaient tranquillement.

Il fallait deux nuits pour atteindre la tribu ennemie. Tout alla bien jusqu'à la seconde ; mais alors commencèrent pour le corps expéditionnaire des émotions terribles et de véritables dangers.

Jusqu'à dix heures, on avait cheminé au clair de la lune. Tout à coup l'obscurité devint impénétrable, et l'on tomba dans d'épais buissons, au milieu desquels il fallait marcher homme à homme. Sur ces entrefaites, deux vedettes ennemies, qui avaient été prises, parviennent à s'évader, et allument de grands feux sur la montagne voisine. On était signalé; de plus, on allait arriver trop tard, et l'expédition semblait manquée.

En effet, lorsque les cavaliers de La Moricière partirent au galop pour fouiller le pays dans toutes les directions, les Arabes étaient en fuite; mais avec deux escadrons de Spahis, le commandant Montauban parvint à s'emparer d'un grand troupeau; il ramena 700 bœufs et un millier de moutons ou de chèvres, qui, ne pouvant suivre la colonne, furent mangés sur place.

Une autre fois, les Français avaient surpris les Gharabas sans défense et avaient fait, à leur détriment, une grande razzia. Le lendemain, nos troupes sont cernées par les tribus voisines, qui veulent s'opposer à notre retraite, et culbutent même un bataillon d'arrière-garde. La Moricière arrive, lance sur l'ennemi toute sa cavalerie, qui en sabre au moins le tiers, et les Arabes cèdent le terrain y laissant plus de 300 morts.

Ce n'étaient pourtant là que des succès partiels, et La Moricière était loin de s'en exagérer la portée : tout restait à faire tant que l'émir n'était pas réduit à l'impuissance ou notablement affaibli.

Le général Bugeaud venait de succéder au maréchal Valée, de plus en plus suspect au gouvernement depuis l'insuccès constaté de ses plans de campagne. C'est auprès du nouveau gouverneur que La Moricière devait prendre ses instructions; aussi se rendit-il, au mois de février 1841, d'Oran à Alger, pour conférer avec son chef des meilleurs moyens d'entamer la puissance d'Abd-el-Kader.

Nous l'avons vu, l'idée de La Moricière était simple. Pour faire la guerre à l'émir chez lui, il ne fallait pas se contenter d'envoyer quelques centaines d'hommes, victimes fatales de la famine ou de la cavalerie légère des Arabes ; il fallait aller s'établir à Mascara, au centre même de la puissance d'Abd-el-Kader ; il fallait s'y installer, non plus avec un régiment, mais avec une division, trouver moyen d'y vivre aux dépens des Arabes, et rayonner de là pour conquérir les environs.

Ce plan ne laissait pas que d'étonner le général Bugeaud. D'une bravoure et d'une sûreté de coup d'œil incomparables sur le champ de bataille, mais n'ayant jamais fait de la question algérienne une étude spéciale, il ne croyait pas encore à la possibilité d'occuper toute la région, et n'hésitait pas à taxer de témérité les entreprises de son lieutenant.

Avec les moyens dont il disposait en hommes et en argent, il allait pouvoir, selon son désir, livrer de belles batailles ; il allait se préparer des victoires certaines et faciles, telles que les Français en avaient toujours remporté quand ils s'étaient trouvés aux prises avec les Arabes en bataille rangée ; mais ses succès, comme ceux de ses prédécesseurs, étaient voués à la stérilité, sans la pensée féconde et persévérante à laquelle un autre que lui consacrait son énergie.

Bugeaud avait laissé à La Moricière la responsabilité entière de l'expédition de Mascara. Se voyant, en quelque sorte, obligé de vaincre, celui-ci n'avait pas perdu une heure, pas négligé un détail qui pût donner à l'exécution de son programme toute la perfection possible.

Comme c'était de Mostaganem que devait partir le corps expéditionnaire, La Moricière y avait fait construire des baraquements pour 15,000 hommes et 3,000 chevaux, des magasins aux vivres, des magasins d'habillements, d'équipement, de harnachement, d'approvisionnements de toute espèce. De plus, il s'était occupé activement de l'uniforme et de l'armement des troupes, et avait modifié l'un et l'autre en les appropriant au climat et au nouveau genre de guerre qu'on allait entreprendre. Enfin, il avait réuni les notes les plus précises sur la géographie du pays, sur les chemins et leur viabilité, les fontaines et les rivières, et il avait fait dresser une carte complète des environs de Mascara et de Tlemcen.

La ville de Tlemcen, vue des remparts.

Le 12 mai 1841, on partit sous la conduite du général Bugeaud, qui, malgré ses premières répugnances, avait consenti à prendre un commandement qui flattait ses espérances de gloire.

La gloire, hélas! du moins la gloire des grands combats, devait se faire attendre. On se dirigea sur Mascara en passant par Tagdempt, une des villes fortes de l'émir. A l'approche des Français, tout avait pris la fuite ; il ne s'y trouvait plus, ni hommes, ni animaux, ni provisions ; la plaine même était déserte.

Même spectacle à Mascara : Abd-el-Kader fuyait le combat, laissant le soleil, la fatigue et la faim user ses ennemis.

Si cette tactique ne fait pas le compte de Bugeaud, elle sert assez bien les projets de La Moricière. Il espère, en effet, rester définitivement maître des villes qu'il a prises ainsi sans coup férir, et il entreprend d'y installer ses troupes en vue d'un établissement durable.

« Le 7 juin, dit M. Keller, on revenait de Mostaganem à Mascara avec un second convoi de vivres. Déjà la garnison a commencé ses travaux d'installation. Des maisons abandonnées on a extrait des bois, de la chaux, des briques, du grain, des moulins à bras. Bien que la moisson ne soit pas mûre, on l'a commencée pour procurer de la paille aux malades. Pendant que l'armée entière va aux environs de la place vider les silos et récolter les fourrages et les blés des Hachems, La Moricière est tout entier à la grande affaire de son établissement définitif dans la ville. Il veut à tout prix en faire un séjour durable, et il déploie, pour régler tous les détails, les ressources de son esprit et les ressorts de son incomparable activité. En quelques jours, il arrête les bases du casernement, répartit les logements et les jardins avec les semences et les pommes de terre qu'il a eu la prévoyance d'apporter, régularise le battage et la réception des grains, crée un grand moulin à manège, fait mettre en meules la paille et le fourrage. Un troupeau de 400 bœufs assure la subsistance en viande fraiche, et cela sans compter 42 vaches laitières, des cochons, des chèvres, des poules. Des essais sont faits pour fumer et saler la viande, que l'on ne pourrait conserver sur pied. La conduite et la distribution des eaux, sans lesquelles il n'y a ni jardin, ni verdure possible, sont sur-le-champ réglées. Des irrigations habilement ménagées garantissent au troupeau de la garnison quelques herbages pour les jours où l'on ne pourra pas les mener paître au-dehors. Des lits sont montés pour 400 malades, avec buanderie, baignoires, pharmacie complète. Grâce à ces soins, la santé des troupes est excellente. On élève une tannerie, une poterie, une fabrique d'huile et de chandelles. La ville est nettoyée, assainie, l'enceinte réparée ; les routes s'ouvrent ; enfin une commission administrative est instituée pour veiller sur les propriétés (1). »

Au plus fort de ces utiles travaux, une bien douloureuse nouvelle vint briser le cœur du général. A la réception d'une lettre de France, on le vit un jour fondre en larmes et s'enfermer pour des heures dans sa tente, sans que personne osât y pénétrer. Sa mère qu'il avait tant aimée, sa mère, qui jouissait de sa gloire plus que lui-même, et à laquelle il était si heureux de faire hommage de ses lauriers, venait de mourir presque subitement, sans qu'il pût recueillir son dernier soupir. Lorsque, pour la première fois, il n'eut plus à compléter son courrier de France par cette lettre écrite à sa mère, qui était comme son délassement et sa récompense, il sentit de nouveau son cœur se déchirer, et pleura comme un enfant.

Malgré sa douleur, dont rien désormais ne put le distraire complètement, il dut se remettre à l'œuvre de la conquête. Jusque-là, tout avait réussi au gré de ses prévisions. La garnison de Mascara, abondamment pourvue de vivres, grâce à la prévoyance de son chef, pouvait attendre de longs mois une circonstance favorable pour proposer le combat à l'émir ; d'ailleurs, les grandes chaleurs allaient arriver ; il était impossible d'engager une action d'une portée vraiment sérieuse. La Moricière revint à Mostaganem, puis à Oran, pour préparer de là la campagne d'automne.

1. *Le général de La Moricière, sa vie politique*, etc. t. I, p. 258.

Cette campagne, à laquelle le général Bugeaud s'associa de nouveau, ne répondit pas aux espérances qu'avait fait concevoir la première. Aucune tribu nouvelle ne se soumit et celles qui avaient reconnu notre autorité, continuèrent à trembler dans la crainte des vengeances d'Abd-el-Kader, qui annonçait notre prochain départ, et restait toujours en armes.

L'armée arrive à Mascara,
(d'après le tableau de Siméon Fort).

Mais La Moricière n'était pas homme à renoncer à ses plans. Il annonça qu'il reviendrait passer le reste de cette rude année 1841 à Mascara, et qu'il se chargerait de réduire les tribus que cinq mois de guerre n'avaient pas encore lassées.

Parti de Mostaganem le 27 novembre, il amenait, le 1er décembre, à la garnison de Mascara, un renfort de huit bataillons, d'une batterie de montagne et de 150 Spahis commandés par le lieutenant-colonel Yusuf. Un convoi chargé de tous les objets nécessaires pour combattre et pour vivre en pays ennemi avait cheminé sous la protection de la colonne.

Les nouveaux venus trouvèrent, dès leur arrivée, l'occasion de se faire rendre justice ; Ben-Tami, l'un des lieutenants les plus actifs d'Abd-el-Kader, avait enlevé la moitié du troupeau de la place, 300 bœufs, et fait quelques prisonniers, parmi lesquels un jeune officier.

La Moricière n'hésitait pas sur les mesures à prendre ; puisque les Arabes avaient commencé la razzia, rien n'était plus naturel ni plus juste que d'aller prendre chez eux la revanche.

Devenue quartier-général de la division, Mascara allait être désormais la véritable capitale de la province, dont Oran n'était plus que le chef-lieu nominal. C'est de Mascara que La Moricière allait prendre son essor vers les contrées qui subissaient encore le joug de l'émir. Son unique moyen pour soustraire à l'autorité de son ennemi les populations environnantes était la razzia.

La division est arrivée à Mascara le 1er décembre. La seule musique qu'elle ait emmenée, la fanfare des Spahis, a joué en quittant Mostaganem un air qui rappelle une de nos vieilles chansons françaises : « *Pauvre soldat, en partant pour la guerre* ». Est-ce un présage ? Fi des idées mélancoliques ! L'entrain et la vivacité de La Moricière en auront vite raison.

Dès le 4, au point du jour, on se met en route. Où va-t-on ? En tête de la colonne marche un certain Djelloul. C'est un transfuge des Hachems-Cheragas, qui, à force d'égards, de caresses et surtout d'argent, a consenti à servir de guide à la colonne française. Nul mieux que lui ne connait le pays, les silos et les lieux de retraite des tribus. Avide de gain et de vengeance, cet être sans cœur s'est fait chasser de son pays, et, à condition d'avoir sa part dans chaque coup de main, il est prêt à vendre jusqu'au dernier de ses frères. Il s'arrête, et, d'un geste, invite les soldats à fouiller le sol. Aussitôt les baguettes de fusil sondent la terre. De temps en temps on découvre une large pierre plate : c'est l'entrée d'un silo. Il y a là-dessous de l'orge, du blé, des fèves, du sel, des olives, des dattes, des vêtements et des armes. Le grenier promptement vidé, on en cherche un autre, et d'autres encore, tant qu'il fait jour; on distribue la trouvaille aux soldats, et l'on prépare le repos.

Un certain nombre de moulins portatifs ont été amenés sur des ânes à la suite de la colonne. Le soir venu, dans chaque escouade, on fait de blé farine et de farine bouillie ou galette, au gré des amateurs.

Pour boisson, l'eau de la fontaine voisine. En arrivant à Mascara, La Moricière a fait saisir, sauf indemnité, toute l'eau-de-vie et toutes les liqueurs apportées par les cantiniers. Ce sera, pour les mauvais temps qui sont proches, une réserve salutaire, au lieu d'être une habitude malsaine de tous les jours. Le 5 et le 6 décembre, on va de nouveau à la recherche des silos : le 7, on rentre, chargé de grains, à Mascara, et le 8, on repart dans une direction nouvelle. Le blé et l'orge surabondaient, mais la viande se faisait rare; l'ennemi se chargea d'y pourvoir.

Le 21 décembre, le général, renseigné par un de ses émissaires, fait prendre les armes à quelques bataillons ; on marche toute la nuit en silence, et, le matin, on tombe sur un campement établi entre Mascara et Mostaganem. Deux heures après, on ramène 600 bœufs, 700 moutons, 400 ânes, 60 chevaux et mulets.

Ces bonnes fortunes, maintenant presque quotidiennes, maintenaient les troupes en belle humeur. Malgré le rude hiver qui sévit pendant deux mois, rien ne put arrêter l'activité de

La Moricière ni l'entrain merveilleux qui régnait autour de lui.

Le général avait résolu le problème de faire vivre ses soldats, sans privations excessives, au milieu des terres dévastées par l'ennemi. Ce n'était là, toutefois, qu'un acheminement vers la conquête ; le résultat définitif, la soumission des Hachems, se faisait toujours attendre. Ces fiers nomades quittaient même parfois la retraite qu'ils s'étaient choisie pour se jeter sur les tribus voisines et les punir d'avoir rendu les armes à La Moricière.

Le 4 février 1842, averti par des déserteurs de Ben-Tami, le général s'avançait au sud, vers les gorges d'Ankrouf, où le lieutenant de l'émir gardait son dépôt de munitions. L'éveil avait été donné. Retardée par le mauvais temps, la colonne ne trouva plus que dix-sept barils de poudre, quelques armes et des grains; mais La Moricière apprit que, dans les montagnes voisines, se trouvaient cachées plusieurs familles appartenant à l'aristocratie des Hachems, quelques-unes même alliées à Abd-el-Kader.

Le 7, au point du jour, la surprise fut complète. Parmi les nombreux prisonniers ramenés à Mascara, se trouvait le chef d'une fraction importante des Hachems. Pour obtenir sa délivrance, les marabouts, ses amis, vinrent solliciter l'*aman*, c'est-à-dire demander grâce ; mais La Moricière ne voulait les entendre que s'ils se portaient garants pour la tribu entière. Une lettre d'Abd-el-Kader vint couper court aux négociations: il avait fait directement traiter, à Alger, de la reddition des prisonniers, par son envoyé, Sidi-Embarek.

Malgré ces contre-temps et les lenteurs d'une campagne où, à chaque instant, tout était à recommencer, La Moricière poursuivait l'exécution de son plan avec une persévérance et une énergie qui devaient avoir raison des obstacles. Nous empruntons à M. Camille Rousset le récit d'une brillante expédition qui signala l'année 1842.

« Le général venait de recevoir un convoi de Mostaganem avec un renfort de cavalerie. Il savait par ses espions que Ben-Tami s'était retiré au sud-ouest, dans la vallée de l'Oued-Hounet. Le 21 février, il atteint son campement, et le met en déroute, après avoir tué ou pris une soixantaine de cavaliers rouges. Rentré à Mascara le 8 mars, il en repart le 10, appelle à lui le général d'Arbouville avec la colonne de Mostaganem, et donne la chasse aux Hachems-Seragas, qui cherchent asile dans la vallée de la Mina, les uns chez les Smadas, les autres chez les Flittas. A Fortassa, les deux généraux se rencontrent et se concertent, pendant que d'Arbouville agira contre les Flittas, ce seront les Smadas qui recevront la visite de La Moricière.

« Il la commence par les Bou-Ziri, qui subissent un véritable désastre. Enveloppés, le 25 mars, par trois colonnes, 59 douars, contenant une population de 6,000 âmes, sont surpris au point du jour ; il y a 12,000 têtes de bétail, des prisonniers sans nombre, un butin immense.

« Tout à coup, vers midi, le ciel s'assombrit ; un brouillard épais envahit la montagne ; la neige tombe. Les troupes qui se sont dispersées pour la razzia errent à l'aventure. Répercutés par les échos dans tous les sens, les coups de canon, les appels des clairons et des trompettes ne font que les égarer davantage ; les guides eux-mêmes ne s'y reconnaissent plus. Enfin, le soir venu, on finit par se rallier au bivouac indiqué d'avance. On se compte : il manque une section du 13e léger commandée par le lieutenant Deligny. La nuit est horrible et la journée du lendemain encore pire. Trois soldats, un vingtième des prisonniers, sont morts de froid ; des cadavres de chevaux, de mulets, de bestiaux jonchent le sol, ensevelis sous la neige ; à tout prix, il faut partir. Au moment où le général donne l'ordre de lever le bivouac, une députation des Smadas vient demander grâce, jurant de rompre à jamais avec les Hachems. Femmes, enfants, tentes, bétail, sauf la part dont la colonne a besoin pour vivre, tout leur est rendu. Le soir, en arrivant à Frenda, on voit enfin revenir, guidés par un marabout, le lieutenant Deligny et ses vingt-trois hommes ; ils ont erré pendant ces deux jours, presque sans nourriture, mais l'arme haute et le cœur ferme. Au sommet d'un escarpement rocheux, entouré d'une enceinte égale à celle de Mascara, Frenda occupait une position excellente ; mais elle ne contenait guère que des masures. La colonne cependant fut trop heureuse d'y trouver un abri. Elle y séjourna le 27, pendant que La Moricière recevait les soumissions des populations environnantes.

« Partie avec des vivres pour dix jours, vivant à l'arabe, de farine bouillie et de galettes cuites aux feux des bivouacs sur les couvercles des gamelles, narguant les privations et la fatigue, elle avait ramené, sans doute, quelques éclopés, mais pas un homme qui fût sérieusement malade. En revanche, elle était en haillons. Depuis quatre mois qu'elle courait par monts et par vaux, sous la pluie, à travers la neige, elle avait accroché aux buissons les lambeaux de ses vêtements et perdu dans la boue la semelle de ses souliers. Le 17 avril, les gens d'Oran eurent le spectacle de ces héroïques déguenillés qui venaient se refaire d'habits et de chaussure. La brigade d'Arbouville, qui avait opéré sans beaucoup de résultats sur la basse Mina et le bas Chéliff, remplaçait momentanément à Mascara la division La Moricière ([1]). »

Cette expédition, malgré ses fortunes diverses, avançait considérablement l'entreprise : une grande partie des tribus étaient soumises, et les Hachems presque réduits.

1. *Conquête de l'Algérie.*

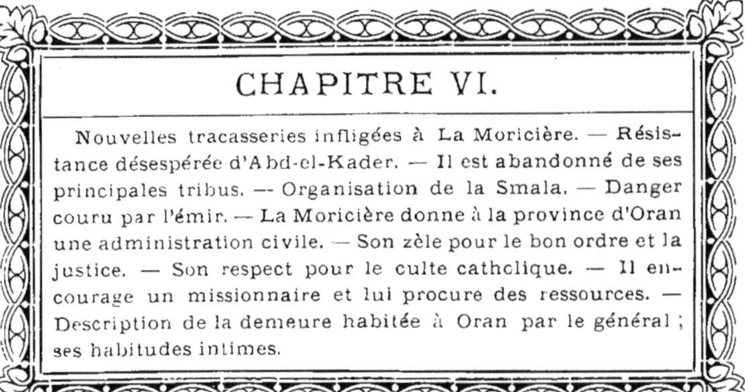

CHAPITRE VI.

Nouvelles tracasseries infligées à La Moricière. — Résistance désespérée d'Abd-el-Kader. — Il est abandonné de ses principales tribus. — Organisation de la Smala. — Danger couru par l'émir. — La Moricière donne à la province d'Oran une administration civile. — Son zèle pour le bon ordre et la justice. — Son respect pour le culte catholique. — Il encourage un missionnaire et lui procure des ressources. — Description de la demeure habitée à Oran par le général ; ses habitudes intimes.

AU mois d'avril 1842, notre héros avait été surpris par une alerte qui, cette fois, ne venait ni d'Abd-el-Kader, ni de ses lieutenants, mais des bureaux du ministère de la guerre. Il avait été sérieusement question à Paris de placer dans la province d'Oran, pour la régularité de la hiérarchie, un lieutenant-général auquel serait soumis La Moricière.

Le général Bugeaud, nous l'avons vu, n'était pas toujours d'accord avec son lieutenant : il lui reprochait d'être discuteur, utopiste, enclin parfois à l'indépendance ; mais il le savait dévoué à l'œuvre de la colonisation algérienne, vaillant, infatigable ; aussi, en présence du traitement injuste dont il semblait menacé, prit-il fait et cause pour lui avec chaleur : « Où trouvera-t-on, écrit-il au ministre, un officier de plus de valeur dans le cadre des lieutenants-généraux ? Pourquoi décourager un maréchal de camp d'un très grand mérite, connaissant le pays, les hommes et les choses, très capable de donner la direction générale, et parfaitement accepté comme supérieur par les maréchaux de camp Bedeau et d'Arbouville ? »

La mesure projetée n'eut pas de suite, et La Moricière put continuer à diriger contre l'émir des opérations qui devenaient de plus en plus difficiles.

C'était vraiment une étrange guerre, dans laquelle Abd-el-Kader était presque toujours où nous n'étions pas, se glissant sur nos flancs pour nous inquiéter, derrière nous pour soulever les tribus ou pour les punir ; quelquefois suivi de près, au moment d'être pris ; toujours vaincu, jamais découragé, disparaissant pour reparaître, et semblant parfois nous poursuivre.

De Mascara, choisi et organisé comme centre d'opérations, le commandant de la province d'Oran était obligé de rayonner dans toutes les directions pour tenir tête à l'ennemi.

Cependant la puissance d'Abd-el-Kader diminuait notablement. A l'époque où nous sommes parvenus, c'est-à-dire vers le milieu de 1842, il avait perdu les cinq sixièmes de ses États, tous ses forts ou dépôts de guerre, son armée régulière et le prestige de sa situation antérieure ; mais la défaite, loin de l'abattre, semblait lui communiquer une ardeur nouvelle. Suivi de quelques milliers de chevaux, il allait de tribu en tribu, détruisant l'effet de chacune de nos expéditions et rallumant sur chaque point l'incendie que nous venions d'éteindre.

« Vous abandonnez donc, écrivait-il aux tribus incertaines, la foi de vos pères, et vous vous livrez lâchement aux chrétiens ! N'avez-vous donc pas assez de courage et assez de persévérance pour supporter encore pendant quelque temps les maux de la guerre? Encore quelques mois de résistance, et vous lasserez les infidèles qui souillent votre sol. Mais si vous n'êtes plus de vrais croyants, si vous faites un honteux abandon de votre religion et de tous les biens que Dieu vous a promis, ne croyez pas que vous obtiendrez le repos par cette faiblesse indigne. Tant qu'il me restera un souffle de vie, je ferai la guerre aux chrétiens, et je vous suivrai comme votre ombre. Je vous reprocherai en face votre honte ; pour vous punir de votre lâcheté, je troublerai votre sommeil par des coups de fusil qui retentiront autour de vos douars devenus chrétiens. »

Et de fait, l'émir se multipliait, pour ainsi dire, par la rapidité de ses mouvements, ce qui nécessitait la dispersion des troupes françaises.

La Moricière était occupé, dans le sud, à recevoir la soumission des Ouled-Chérif, quand il apprit qu'Abd-el-Kader, profitant de son absence, avait reparu tout à coup dans la plaine d'Eghris, et menaçait Mascara. Grande fut l'émotion parmi les cavaliers auxiliaires que La Moricière avait emmenés avec lui, et dont les douars étaient peut-être en ce moment la proie de l'ennemi.

Le général s'emploie d'abord à calmer les esprits, puis, la confiance revenue, il fait en deux jours, avec ses hommes, et par une chaleur accablante, les 35 lieues qui le séparent de Mascara. A son arrivée, l'émir avait déjà disparu. Après quelques tentatives de pillage, il s'était retiré chez les Djafras avec tant de précipitation, qu'une partie de son butin lui avait échappé.

Renforcé par la cavalerie du fidèle Mustapha, La Moricière résolut de poursuivre les fugitifs. Après une course de plusieurs jours vers le sud, il arriva bientôt au centre des Hauts Plateaux, où il s'arrêta. Fuyant devant lui dans un pays désolé, sans eau, les tribus fidèles à l'émir, Hachems et Djafras, étaient acculées au Chott-el-Chergui, immense lac salé, au delà duquel le désert s'étendait à perte de vue.

La Moricière n'osait s'aventurer à leur poursuite dans cette plaine desséchée ; il comptait sur la soif pour obliger l'ennemi à capituler.

Il attendit trois jours. « Le quatrième au matin, on vit un spectacle étrange : une longue caravane s'avançait au son des hautbois et des tambourins; en avant, les chameaux des chefs, empanachés de plumes d'autruche, caparaçonnés de tapis aux vives couleurs, décorés de glands et de houppes assortis; sur leur dos, les enfants et les femmes dissimulées derrière des tentures à raies alternées ; à droite et à gauche, les cavaliers bottés de maroquin rouge, la crosse du fusil sur la cuisse ; en arrière, la foule des serviteurs et des troupeaux. C'étaient les Djafras qui, mourant de soif, venaient se rendre. En approchant, suivant l'usage, ils commencèrent la fantasia, et, suivant l'usage aussi, Goums et Spahis (troupes auxiliaires), flattés de cette politesse, se lancèrent au-devant d'eux pour la leur rendre. En un moment, tout eut disparu dans la poussière. Par dessus le bruyant concert des coups de fusil mêlés au nasillement des hautbois, au galop des chevaux, aux clameurs des guerriers, on entendait les *you-you* des femmes, pour qui cette soumission fastueuse n'était qu'une occasion de fête. La fête fut si belle, que parmi les Spahis et les cavaliers des Goums, on ne se rappelait pas avoir vu la pareille depuis vingt ans et plus. Les Djafras, couverts par l'*aman*, regagnèrent leurs ruisseaux et leurs pâturages ; quant aux Hachems, plus fiers, ils traversèrent le Chott, où quelques-uns demeurèrent enlisés; les autres suivirent de puits en puits, à travers le désert, la *smala* de l'émir, qui, chassé de Tagdempt, s'éloignait dans l'est ([1]). »

Depuis peu, en effet, l'émir avait organisé les restes de son armée en *smala*, c'est-à-dire en corps mobile, vivant sous la tente, exercé à la course et pouvant se transporter à de grandes distances avec une étonnante célérité.

L'expédition précédente fut suivie d'un grand nombre d'engagements partiels dans lesquels La Moricière lutta avec son ennemi d'habileté et d'audace; mais la force de résistance

1. Camille Rousset.

de ses soldats avait des limites, et il fallut, bon gré mal gré, donner à ces braves troupes un peu de répit.

Le 25 juillet 1842, le général ramenait sa division à Mascara, après trente-six jours de bivouac et des marches de cent trente lieues. L'ambulance ne comptait que treize malades. Ce qui avait souffert davantage, c'était la chaussure. Les trois quarts des hommes s'étaient garni les pieds avec des peaux de bœufs : « Il était à craindre, disait gaîment le commandant de Montagnac, qu'ils n'allassent tailler nos bestiaux vivants pour se confectionner une paire de chaussures à leur guise. »

Cependant les forces de l'émir diminuaient de plus en plus; 6000 Hachems venaient de se soumettre, et, de ses tribus autrefois fidèles, il ne restait plus que les Flitas qui osassent lui prêter un concours avoué. Mais ce qu'il perdait en nombre, il le gagnait en vitesse. Réduit à quelques centaines de cavaliers intrépides, ses menaces se réalisaient chaque jour, et il faisait payer cher aux tribus soumises ce qu'il appelait leur trahison.

Après la capitulation des Djafras, La Moricière était rentré à Mascara, où rien d'anormal ne s'était produit pendant son absence. On croyait Abd-el-Kader dans le sud est, quand on apprit tout à coup qu'il avait surpris et décimé les tribus établies dans le bas de la vallée du Chéliff.

De là, franchissant quatre-vingts kilomètres en une seule marche, il tombe à l'improviste sur les Ouled-Khunidem; puis, par une course tout aussi rapide, il se porte chez les Jdamas, auxquels il enlève un butin considérable. Après avoir déposé ses prises chez les Beni-Ouragh, il s'avance jusqu'à vingt kilomètres de Mascara.

L'épouvante se répand parmi toutes les tribus soumises; elles vont supplier La Moricière de les protéger ; mais celui-ci leur répond qu'elles ont à se défendre elles-mêmes, qu'il punira sévèrement tout acte de faiblesse ou de complicité, mais que, pour le moment, il croit plus important d'achever la dispersion des partisans d'Abd-el-Kader, réunis encore dans le désert. En effet, sans se préoccuper pour le moment des attaques dirigées du côté de Mascara, la colonne s'avance dans le sud jusqu'aux sources du Taguin, mais sans atteindre la *smala*, qui fuyait devant elle.

Pour prix du concours que la tribu des Arars venait de lui prêter, La Moricière lui avait offert de vider les silos des Flitas, situés dans ces parages. Nos alliés étaient en train d'effectuer cette opération lorsque, par une coïncidence curieuse, La Moricière et Abd-el-Kader se rencontrèrent à l'improviste, sur les rives du Riou, l'un venant entraver, l'autre protéger cette grande razzia.

C'était par un temps d'épais brouillard. Il était onze heures du matin, quand un Arar à moitié nu arriva au galop, appelant à grands cris du secours. Abd-el-Kader enlevait les chameaux de sa tribu, et il était sur le point de tomber sur nos avant-postes. La Moricière se porte aussitôt en avant avec trois bataillons de Douairs, de Chasseurs d'Afrique et de Spahis. Tout à coup la brume disparaît et le général, qui, avec son état-major, gravissait une hauteur, aperçoit Abd-el-Kader en personne à cent pas devant lui. L'émir prend aussitôt la fuite, et stimule avec la pointe de son yatagan son cheval qui ne l'emporte pas assez vite. Atteints subitement et culbutés par le choc, acculés d'ailleurs à un profond ravin presque partout infranchissable, les cavaliers de la smala sont poursuivis l'espace de trois lieues, semant de morts et de blessés le chemin de leur déroute. Au passage du ravin, le cheval d'Abd-el-Kader s'abat au milieu des rochers ; ses compagnons les plus fidèles ont peine à le relever et à lui frayer un passage. Deux d'entre eux sont tués; un troisième reste prisonnier, et 230 chevaux, parmi lesquels celui de l'émir, sont le prix de la victoire.

On put recommencer alors le vidage des silos. Ils étaient si nombreux et si remplis, que le travail dura trois jours, et qu'on y trouva la charge de 8,000 chameaux. Jamais les troupes auxiliaires n'avaient rencontré pareille aubaine. La division de Mascara méritait d'être proposée comme modèle de bravoure et de résistance à la fatigue : du 1er décembre 1841 au 30 décembre 1842, sur 395 jours, elle en avait passé 310 en campagne, en toute saison et par tous les temps.

Tant de défaites successives auraient lassé le courage d'une âme moins indomptable que celle d'Abd-el-Kader ; mais il avait promis de faire la guerre aux chrétiens « tant qu'il aurait un souffle de vie », et il devait, en effet, continuer la lutte jusqu'à ce que la mauvaise fortune lui arrachât, en quelque sorte, l'épée des mains. Mais avant de suivre notre héros sur le théâtre de ces nouveaux combats, considérons-le quelques instants aux prises avec des difficultés d'un autre genre.

Il ne suffisait pas de vaincre, il fallait organiser. Nous avons vu comment, au milieu de guerres incessantes et de fatigues inouïes, La Moricière était parvenu à procurer à ses soldats la santé, et même un certain bien-être. Restait à peupler de colons honnêtes et laborieux toutes ces terres conquises sur l'émir, et qui menaçaient de devenir la proie d'un honteux agiotage.

La Moricière comprenait qu'à côté de l'autorité militaire, il fallait des fonctionnaires civils d'une probité à toute épreuve, chargés de régir la colonie au moyen de lois aussi libérales que possible. Aussi se hâta-t-il d'organiser dans la division d'Oran des commissions administratives, composées, dans chaque subdivision, du chef de la subdivision, du commandant de place, du chef du bureau arabe et de deux ou trois officiers spéciaux. Pour les conflits et délits ordinaires, les Européens devaient être jugés par le tribunal civil d'Oran, les Arabes, autant que possible, par leurs anciens magistrats.

Dans le règlement de ces divers intérêts, il portait une préoccupation de la légalité et de la justice que l'on trouve rarement au même degré chez un homme de guerre. Nous en citerons seulement deux exemples, que nous empruntons à M. Keller.

« Dès le début de son commandement, le 4 octobre 1840, à propos d'une femme que le consul d'Autriche avait fait embarquer sur la demande de son mari, il pressait le maréchal Valée de questions, auxquelles celui ci était sans doute fort embarrassé de répondre ; demandait si les pouvoirs extraordinaires des consuls, sur une terre barbare et musulmane, n'avaient pas pris fin avec l'établissement de la loi française, et ne comprenait pas que, sans jugement de séparation de corps prononcé par le tribunal, sans décret d'expulsion rendu par le gouverneur, il pût ainsi y avoir un embarquement violent et arbitraire. Un peu plus tard, une cantinière avait construit une baraque avec des bois volés au génie, et, pour reprendre son bien, le génie avait brutalement bouleversé l'établissement. De là, une verte réprimande du général, déclarant qu'on aurait dû déposer une plainte et attendre un jugement régulier. »

Ces faits sont peu de choses par eux-mêmes ; mais ils prouvent que, bien différent de tant de capitaines propres seulement à remporter des victoires, La Moricière possédait les qualités qui les rendent profitables aux grands intérêts de la civilisation.

Dans l'organisation de la province d'Oran, l'expérience lui apprit bien vite que l'on ne réussirait jamais à coloniser l'Algérie, si l'on ne donnait aux nouveaux venus d'Europe, par un puissant enseignement religieux, le moyen de fonder des familles honnêtes et chrétiennes.

La réalité des faits avait vite fait évanouir les utopies de sa jeunesse, et lui avait montré que les théories révolutionnaires et impies, bonnes pour dresser des barricades, sont impuissantes à fonder et à faire vivre une société. Aussi se préoccupait-il de la nécessité de pourvoir aux besoins les plus urgents du culte catholique, privé à Oran de locaux convenables et complètement dénué de ressources.

« A ce moment débarquait à Oran un jésuite, le Père Pascalin, que ses supérieurs destinaient à établir une maison dans cette ville. Dès le lendemain de son arrivée, il alla se présenter au commandant de la province, et lui offrir ses services et ceux de ses confrères, soit pour les hôpitaux et les prisons, soit même pour les ambulances pendant les expéditions. Le titre de jésuite, qui soulevait alors jusque chez les plus hautes intelligences de si étranges préventions, pouvait à bon droit faire redouter des tracasseries de la part du gouvernement. Quant à La Moricière, il avait l'âme trop large pour partager ou pour redouter ces préjugés.

« Jésuite ou non, dit-il au missionnaire en lui prenant la main, que m'importe ? Vous êtes un brave, nous nous entendrons toujours. Allez en avant, si l'on vous entrave, je serai derrière vous pour vous épauler. »

« Après une longue conversation sur les besoins de la population d'Oran, le Père se levait pour s'en aller, quand le général lui reprocha vivement de ne pas lui dire ce qu'il pourrait faire pour lui, et lui demanda comment il était logé.

« Il ne s'agit pas de mon logement, répondit ce dernier, il s'agit avant tout de loger le bon Dieu. Il me faudrait une église. »

En effet, il n'y avait alors pour recevoir les fidèles que les débris du chœur d'une ancienne église, bâtie par les Espagnols et renversée par les Arabes, située à une des extrémités de la ville.

« Eh bien ! dit le général, cherchez dans toute la ville un local à votre convenance pour y célébrer le service divin, et venez me le désigner. »

Au bout de deux jours, le prêtre revint, ayant tout parcouru, et n'ayant découvert qu'une vieille mosquée délabrée et presque abandonnée des musulmans.

« Une mosquée, mais les Arabes vont hurler et crier que nous voulons leur enlever leur Mahomet... Mais le gouverneur général ne le permettra jamais ! »

« Puis, après avoir réfléchi quelques secondes en caressant sa moustache. « Voyons, quelle somme vous faudrait-il pour mettre cette mosquée en état d'y pouvoir dire la messe ? » — « Donnez-moi deux cents francs, général, et je me charge du reste. »

— « Et combien de temps vous faudrait-il pour cela ? »

— « Six semaines. »

— « Eh bien! je pars demain pour Alger ; j'y serai le maître en l'absence du général gouverneur. Envoyez-moi à Alger un rapport bien circonstancié, bien motivé, et vous ne tarderez pas à recevoir une réponse. »

« En effet, par retour du courrier qui apportait la demande du Père Pascalin, La Moricière mettait à sa disposition la mosquée de la porte Saint-André et 2,000 francs pour la convertir en église catholique. Quelques semaines plus tard, il invitait l'évêque d'Alger à venir en personne bénir ce nouveau temple chrétien. Il voulut assister à cette cérémonie à la tête de son état-major ; la meilleure musique de la garnison avait été choisie pour la circonstance, et, dominant tout de sa grande voix, le canon annonçait au loin que JÉSUS-CHRIST prenait possession d'une première église dans la province d'Oran. Le général avait prévu les objections, mais il ne les avait pas attendues. Quand elles se produisirent dans une lettre du ministre de la guerre et jusqu'au sein de la Chambre des députés, il les reçut, comme elles le méritaient, avec une fermeté inébranlable. A ceux qui manifestaient un zèle singu-

L'armée part d'Oran.

lier pour l'intégrité du culte musulman, il répondit que, « s'il fallait se préoccuper d'une chose, c'était du honteux abandon dans lequel on avait laissé le culte catholique à Oran depuis quatorze années, c'était des plaintes légitimes de la population française et d'environ 5,000 Espagnols, qui réclamaient en vain un édifice pour y célébrer leur culte ».

Quand on se reporte au temps où ceci avait lieu, à la veille de la dispersion des jésuites, alors que le gouvernement affectait de ne prendre part à aucune fête religieuse, on doit reconnaître qu'il y avait, à protéger le Père Pascalin, un courage plus méritoire et certainement plus rare que celui que tant d'autres déployaient contre les Arabes [1]. »

Depuis l'arrivée des Français en Algérie, La Moricière a presque toujours vécu de la vie des camps et couché à la belle étoile. A la veille de la lutte suprême qui va lui remettre entre les mains l'épée d'Abd-el-Kader, il lui est donné d'habiter enfin chez lui pendant quelques semaines. Nous en profiterons pour jeter un regard discret dans son intérieur de soldat. Voici comment un officier de son état-major décrit l'habitation qu'il occupait à Oran en 1843 :

« A l'une des extrémités du Château-Neuf, appelé par les Arabes Fort Rouge, se trouve l'ancienne résidence des beys, la demeure du général. On arrive, après avoir gravi une pente assez raide et passé une porte voûtée, dans une cour étroite, ombragée par des mûriers. Au fond de la cour, une galerie à arceaux mauresques précède une grande salle que les beys, après s'être emparés de la ville, avaient fait élever. Sous les arcades, à droite, une porte basse s'ouvrait sur un petit jardin abrité des vents d'ouest par une muraille à châssis. De belles fleurs, des plantes grimpantes embaumaient le kiosque où les pachas venaient prendre leur repos, en contemplant la ville entière qui se déroulait à leurs pieds au milieu des ondulations du terrain. Du même côté que la petite porte du jardin, une treille aux grandes vignes s'appuyait à un bâtiment élevé d'un étage, dont la cour intérieure, entourée d'arcades supportant une étroite galerie, rappelait les anciens cloitres. C'était là que se trouvaient les bureaux de l'état-major et le logement des officiers d'ordonnance du général, qui pouvaient, dans leurs

1. E. Keller, *Le général de La Moricière*, t. I.

moments de loisir, se promener sur une vaste terrasse voûtée dont le rez-de-chaussée servait de caserne. De cette terrasse, on découvrait les rivages de la baie, les casernes servant de magasins à la douane, Merz-el-Kebir et la grande mer. Mélange du caractère arabe et du caractère espagnol, cette demeure portait le cachet des deux races, et l'activité française qui y régnait lui donnait encore un aspect nouveau. Le temps ne se perdait guère, en effet, au Château-Neuf ; le général prêchait d'exemple, et la nuit était souvent bien avancée quand l'heure du repos sonnait pour lui.

« De service à tour de rôle, nous recevions les personnes qui venaient pour lui parler, et que, faute de temps, il lui était impossible d'écouter. Chacun s'occupait ensuite du travail dont il était chargé ; le plus maladroit (c'était moi) écrivait d'ordinaire sous sa dictée. Le matin, M. de la Moricière donnait ses ordres ; puis l'on se retrouvait à l'heure du déjeuner, où presque toujours prenaient place quelques-uns de ceux que les affaires de service avaient amenés au Château-Neuf ; car l'hospitalité était grande, et, le soir comme le matin, la table du général était toujours prête à recevoir les hôtes que la fortune lui en voyait. Le déjeuner fini, on passait dans l'immense pièce mauresque aux arceaux de marbre sculptés, et, tout en fumant un cigare sans fin, le général s'entretenait avec les chefs de corps qui avaient à lui parler. Le chef d'état-major, le colonel de Martimprey, arrivait alors avec toutes ses signatures. Nul n'était plus respecté dans l'armée que ce digne officier. Sa loyauté, son courage, sa bonté bienveillante, pleine de fermeté, lui avaient attiré l'affection de tous. On aimait à entendre sa parole grave, toujours écoutée avec déférence. C'était un de ces hommes qui rappellent les guerriers du temps passé. Le travail de l'état-major fini, le général étudiait les questions, écrivait ou discutait les projets, montait parfois à cheval quelques instants, et, le soir venu, quand, n'étant pas de service, on se croyait libre de prendre sa volée, bien des fois il nous arrivait d'être retenus pour achever un mémoire ou un projet en train, et de ne regagner notre chambre qu'au milieu de la nuit. »

C'est dans cette demeure pittoresque que La Moricière reçut le jeune lieutenant belge qui devait devenir Mgr de Mérode, et unir plus tard ses efforts à ceux du général pour la défense des droits du Saint-Siège.

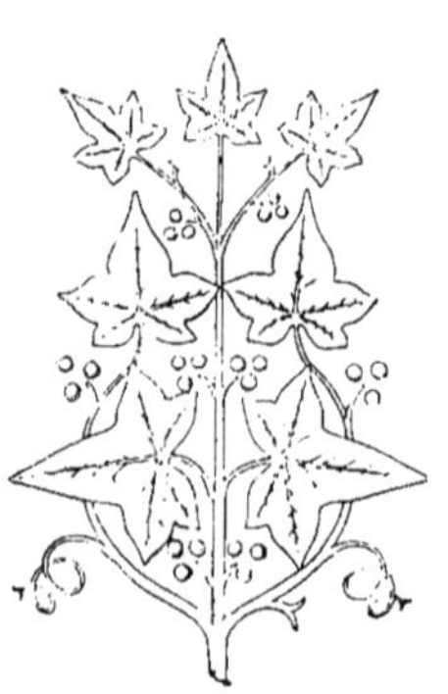

CHAPITRE VII.

Impatience du général Bugeaud. — Prise de la Smala d'Abd-el-Kader. — L'émir se réfugie au Maroc et soulève ce pays contre les Français. — Bataille d'Isly. — Influence croissante de La Moricière. — Il devient gouverneur-général de l'Algérie par intérim. — Il favorise les établissements religieux. — Nouveaux soulèvements provoqués par Abd-el-Kader. — Désastre de Sidi-Brahim. — Modération de La Moricière. — Pacification de l'Algérie. — La Moricière obtient un congé pour rentrer en France.

AU mois d'avril 1843, La Moricière écrivait au général Bugeaud : « N'espérez pas trop vous emparer de l'émir sauf des chances tout à fait imprévues. Du reste, je mettrai les Arars sur la piste de la smala, et je ne renonce pas à la poursuivre moi-même dans le désert. En attendant, nous chasserons notre ennemi des vallées fertiles qui lui restent, nous lui fermerons le Tell et le reléguerons dans le Sersou. Une seule journée ne verra pas s'accomplir sa ruine. Il n'y a plus de grands coups à frapper ; nous nous avancerons pied à pied ; nos combats auront peu de retentissement ; ce sera l'œuvre de la patience. Mais en définitive, si, comme j'en ai le ferme espoir, nous réussissons à asseoir l'autorité de la France dans toute cette belle région qui s'étend de la mer au désert, nous aurons accompli, comme vous le demandez, quelque chose de grand. Un peu de temps encore, et vous aurez raison des clameurs de tous les hommes qui jugent sans étudier, sans savoir et sans comprendre. J'ai traversé en Afrique, depuis treize ans, des périodes de découragement plus affligeantes que celle dont vous paraissez alarmé. Les yeux fixés sur le but, fort de mes convictions consciencieuses, je n'ai jamais désespéré du succès final, ni de la justice de l'avenir envers ceux qui s'y seront dévoués. »

Ce langage aussi noble que ferme n'était pas inutile pour calmer l'impatience inquiète du gouverneur général.

Préoccupé à l'excès des appréciations de la presse, sensible outre mesure aux critiques des badauds parisiens, qui trouvaient ridicule qu'on n'eût pas encore pris Abd-el-Kader, le général Bugeaud témoignait à La Moricière le désir ardent de s'emparer de l'émir ou du moins de prendre au plus tôt sa smala.

Moins pressé d'en finir, parce qu'il connaissait mieux le pays et les conditions de succès, La Moricière obtint d'abord de fortifier le poste de Tiaret, afin qu'il pût servir de point de ralliement aux troupes entre les quatre places de Mostaganem, Mascara, Milianah et Médéah. Il ne suffisait pas, selon lui, d'avoir des soldats, même endurcis à la fatigue et rompus aux vicissitudes de la vie nomade, il fallait avoir des centres sur lesquels on pût les faire se replier en cas d'insuccès, et il attendait précisément de la création de Tiaret des services analogues à ceux qu'avait rendus l'établissement de Mascara. Ce point d'appui une fois assuré, il n'hésita pas à se remettre en campagne pour seconder les intentions de son chef.

Affaibli, comme nous l'avons vu, par la défection de nombreuses tribus, Abd-el-Kader avait trouvé un nouvel élément de résistance dans le secours des Kabyles de Bougie, poussés par lui à une démonstration contre Cherchell. Cette dernière tentative fut déjouée par le général Bugeaud, qui n'hésita point à venir au cœur de l'hiver, dans les régions escarpées du Jurjura, dissoudre le rassemblement ennemi.

Pendant la première moitié de l'année 1843, des razzias incessantes exercées sur tout ce qui restait de tribus rebelles encouragèrent de plus en plus les efforts de nos soldats. La Moricière dirigeait presque toujours ces expéditions dans lesquelles il excellait, mais, selon la parole qu'il avait donnée au gouverneur, son principal objectif était la smala de l'émir.

Un jour, on la lui signale dans le désert, vers les sources du Taguir, à l'endroit même où, l'année précédente, il avait obtenu la soumission des Djafras. Il s'y porte en toute hâte avec sa troupe, et ne s'arrête dans sa marche rapide que parvenu dans une région aride, où ses chevaux ne trouvent plus un brin d'herbe.

Le duc d'Aumale ramène la smala (d'après le tableau de Philippoteaux).

Malgré ses efforts, il ne devait pas recueillir la principale gloire de cette entreprise. Le duc d'Aumale, qui avait déjà remporté de beaux succès sur les Arabes, et qui était alors maréchal de camp, se trouvait dans le voisinage, épiant, lui aussi, l'escorte d'Abd-el-Kader, avec l'intention de tenter un coup de main. Le 16 mai, avec moins de cinq cents Chasseurs d'Afrique, il s'élança sur la nombreuse cavalerie de l'émir, et telle fut la rapidité de l'attaque, que deux heures suffirent pour remporter une victoire complète. Une incroyable multitude de troupeaux, un immense butin, quatre drapeaux, trois mille six cents prisonniers, les tentes, les trésors, les lettres d'Abd-el-Kader, tels furent les trophées de cette importante journée. Les débris de la smala vinrent se heurter contre les colonnes du général de La Moricière, accouru à la hâte, et peu s'en fallut que l'émir ne terminât ce jour-là son aventureuse carrière.

Le gouvernement profita de ce beau succès pour décerner au gouverneur le bâton de maréchal et au général de la Moricière, en même temps qu'au duc d'Aumale, le grade de général de division.

La puissance d'Abd-el-Kader en Algérie était définitivement frappée au cœur. Le dernier combat livré sur l'Oued-Malah, le 4 octobre 1843, l'acheva.

L'émir perdit dans cette rencontre les restes de son infanterie régulière, et son plus brave lieutenant, le borgne Sidi-Embarek.

Traqué à la fois par les troupes françaises et par les tribus arabes qui ne s'inclinaient que devant le courage victorieux, Abd-el-Kader se décida à se réfugier sur la frontière de l'empire du Maroc.

A peine arrivé, ses prédications soulevèrent les populations marocaines, et bientôt, malgré les hésitations de l'empereur, il parvint à les entraîner dans sa querelle. La guerre de la France avec le Maroc fut l'œuvre de l'émir infatigable.

Ayant appris, le 18 mai 1844, les premières hostilités du Maroc, le maréchal Bugeaud quitta les tribus kabyles du Jurjura qu'il venait de soumettre, s'embarqua à Dellys et se porta rapidement vers la frontière de l'ouest ; puis, après avoir tenté vainement de négocier avec l'empereur, qui exigeait l'évacuation du sol de Zalla-Maghrina et du territoire occupé par les Turcs sur la rive gauche de la Tafna, il prit l'offensive contre l'ennemi, qui venait d'attaquer l'arrière garde française.

L'action eut lieu le 15 juin, et dura à peine une demi-heure : 400 Marocains restèrent sur le terrain ; le reste était en fuite. Le 3 juillet, après être entré à Ouchda, le général français simula une retraite ; puis, se retournant tout à coup contre l'ennemi, qui venait l'attaquer, il lui fit subir un échec complet. Aux offres de paix que fit alors l'empereur, qui exigeait la retraite de l'armée française sur la rive droite de la Tafna, il fut répondu par le maréchal que Dieu seul pourrait le contraindre à cette retraite.

Cependant le chiffre de l'armée Marocaine allait croissant, et montait déjà à environ 40,000 hommes. Pour ne pas lui donner le temps de se renforcer encore, Bugeaud résolut de l'attaquer brusquement. Le 14 juillet s'engagea la bataille d'Isly. Avec des forces très inférieures, le maréchal se précipita sur l'armée marocaine, et la culbuta en quelques heures.

La Moricière était là, enlevant par d'intelligentes manœuvres, sa belle part des onze bouches à feu et des dix-huit drapeaux de l'empereur du Maroc.

Il y avait eu, nous devons le dire, quelque dissentiment au conseil de guerre entre le maréchal Bugeaud et son lieutenant. La Moricière ne croyait pas que le moment de livrer bataille fût venu. Mais avec quelle franchise il reconnaît son erreur, et rend justice à son chef ! « Après le combat, raconte un des officiers présents à l'action, nous étions fatigués, anéantis ; nous avions passé vingt-quatre heures à cheval, par une chaleur de cinquante-quatre degrés... ; nous étions tous là, couchés par terre, nos chevaux comme nous. La Moricière seul était debout, allant et venant. S'approchant d'un de ses aides-de-camp : « Eh bien ! mon cher, lui dit-il, c'est le vieux maréchal qui avait raison. »

Mais lui avait si bien fait son devoir au moment de l'action, que son nom fut cité le premier à l'ordre du jour de l'armée par Bugeaud lui-même, et que le gouvernement le nomma commandeur de la Légion d'honneur, en même temps qu'il conférait au maréchal le titre de duc d'Isly.

Pendant que Bugeaud et ses lieutenants calmaient ainsi l'ardeur des Marocains, le prince de Joinville avait bombardé Tanger et Mogador. L'effet produit sur la population fut immense, et il fallut bien se résigner à traiter. Les négociations eurent lieu principalement sous les auspices du prince de Joinville, et l'affaire fut réglée devant Tanger, presque en dehors de l'influence du maréchal. Aussi, lorsque la solution fut arrêtée, ne cacha-t-il pas son mécontentement.

Il poursuivait de ses sarcasmes La Moricière, à qui l'arrangement paraissait suffire. « Applaudissez-vous tout seul, je vous en prie, lui écrivait-il, car moi, je ne m'applaudis pas le moins du monde, et je ne voudrais à aucun prix apposer ma signature au bas de ce traité. Je vous croyais un dragon d'opposition ; j'avais l'air devant vous d'un ministériel quand même, et voilà que vous approuvez tout, même ce qui est détestable. »

On admirera dans la réponse de La Moricière le ton modeste et digne en présence de son chef, avec l'accent tranquille d'un bon sens inaltérable. « Mon ignorance des affaires politiques auxquelles je ne me suis jamais mêlé, que je n'ai jamais vues que dans les journaux, et encore d'une manière assez peu suivie, est la cause de l'incertitude et du vague que vous avez remarqués dans mes opinions politiques. Je prends acte toutefois du reproche que vous m'adressez de ne pas avoir conservé mes tendances à l'opposition et de n'avoir pas trouvé les choses absolument mal avant d'avoir examiné si elles pouvaient être mieux. »

Malgré la modestie de La Moricière et sa fidélité à l'obéissance hiérarchique, son influence grandissait, et ses idées, souvent contraires à celles de son chef, faisaient leur chemin d'Oran et d'Alger à Paris. Le colonel Saint-Arnaud écrivait vers cette époque : « Il y a deux camps dans l'armée d'Afrique, mais il y a deux hommes : l'un grand, plein de génie, qui, par sa franchise et sa brusquerie, se fait quelquefois des ennemis, lui qui n'est l'ennemi de personne ; l'autre, capable, habile, ambitieux, qui croit au pouvoir de la presse et la ménage, qui pense que le civil tuera le militaire en Afrique, et se met du côté du civil. L'armée n'est pas divisée pour cela entre le maréchal Bugeaud et le général de La Moricière. Seulement, il y a un certain nombre d'officiers qui espèrent plus d'un jeune général qui a de l'avenir que d'un vieillard illustre dont la carrière ne peut plus être bien longue. »

Le maréchal Bugeaud sentait cette situation. Au mois de décembre, de plus en plus aigri, il demanda un congé pour rentrer en France, et, malgré la rivalité dont il souffrait, il désigna le commandant de la province d'Oran pour le remplacer temporairement dans le gouvernement général de l'Algérie.

La Moricière n'était pas muni de pleins pouvoirs; néanmoins il voulut profiter de l'autorité dont il disposait pour étendre à toute la colonie les améliorations administratives qu'il avait déjà introduites dans la province d'Oran.

Il commença naturellement par s'occuper du culte catholique. Déjà, nous l'avons vu, une église avait été établie à Oran par ses soins ; mais le nombre des fidèles avait augmenté, et il leur en fallait maintenant au moins deux. La Moricière se mit à la tête d'une souscription destinée à en faire bâtir une nouvelle.

Il obtint aussi, à la même époque, l'établissement de trois

cures, à Mascara, à Tlemcen et à Mostaganem. Dans ces dernières villes, comme à Oran, on put convertir d'anciennes mosquées en églises catholiques.

D'un autre côté, le général appuyait de tout son pouvoir les sœurs de la Sainte-Trinité, qui sollicitaient l'autorisation d'acquérir des immeubles à Oran. Cette grande âme, naturellement chrétienne, se portait d'elle-même à toutes les œuvres qui favorisaient l'honneur de Dieu ou pouvaient soulager les misères humaines. La Providence l'attendait à l'heure des grandes épreuves pour lui rendre la pleine lumière et pour donner à sa bravoure un objet plus digne d'elle, s'il est possible, que la grandeur même de la patrie.

En attendant, il recueillait les fruits de la victoire d'Isly, en maintenant la paix avec le Maroc et en resserrant à la frontière la ligne des postes destinés à barrer le passage, à l'émir s'il tentait une nouvelle attaque, aux tribus si elles voulaient fuir au Maroc. A l'intérieur, le travail de la colonisation était résolûment entrepris, et, malgré les craintes sans cesse renouvelées de nouveaux soulèvements chez les Arabes, lorsque La Moricière quitta, après sept mois, le gouvernement de la colonie, elle était plus prospère qu'elle ne l'avait jamais été.

L'heure de la pacification approchait ; mais avant de reconnaître définitivement la suprématie française, l'Algérie devait s'agiter dans une convulsion suprême.

Après la bataille d'Isly, il y avait, pour les Français, deux partis à prendre : ou profiter de la victoire en forçant immédiatement l'empereur à livrer Abd-el-Kader, ou laisser ce soin aux événements, faciles à prévoir. On crut devoir adopter ce dernier parti. Pour juger sainement de l'état des choses, il faut se mettre un moment à la place des hommes mêmes qui étaient en présence.

L'empereur du Maroc, Abd-er-Rhaman, et Abd-el-Kader devaient avoir au fond du cœur, l'un pour l'autre, des sentiments de haine, de crainte ou de défiance. Sans doute, la religion impose à tous les musulmans de combattre pour la loi du Prophète, qui exige la conversion forcée ou l'extermination de tous les chrétiens; mais ils étaient loin d'avoir l'un et l'autre les mêmes intérêts à se constituer les champions de l'islamisme : Abd-er-Rhaman avait un empire à conserver tandis qu'Abd-el-Kader en avait un à reconquérir. Et, supposé même que l'empereur du Maroc se fût sincèrement joint à l'émir pour combattre les infidèles, qui des deux en aurait recueilli la gloire ? En toute occasion, les troupes marocaines se seraient empressées d'accourir à la voix du grand marabout; les montagnards berbères, dont la fidélité envers l'empereur est loin d'être inébranlable, se seraient les premiers rangés sous la bannière du nouveau chef. Pour ces diverses raisons, Abd-er-Rhaman n'était guère disposé à soutenir un allié si compromettant.

D'un autre côté, Abd-el-Kader, depuis qu'il avait été refoulé dans le Maroc avec les débris des tribus qui avaient suivi sa fortune, était placé dans l'alternative, ou de détrôner Abd-er-Rhaman, ou d'abdiquer toute action sur les affaires d'Algérie. Il tenta, d'abord par la voie des négociations, puis par la force, une de ces révolutions si fréquentes dans les annales de l'islamisme.

Sans ressources au milieu de populations irritées, en lutte ouverte avec le chef reconnu de sa religion, errant comme un lion traqué par des chasseurs, n'ayant d'autre richesse que son cheval, d'autre abri que sa tente, d'autre royaume que le désert, le grand émir inspirait encore la terreur, et obligeait les Marocains à conserver sur pied une armée de quatre-vingt mille hommes pour le tenir en respect.

Cette hostilité sourde ne tardera pas à éclater ; mais auparavant Abd-el-Kader veut essayer une dernière fois son prestige sur les tribus algériennes qui lui furent si longtemps fidèles.

Son grand moyen est toujours la prédication de la guerre sainte.

Il envoie sous main sonder les dispositions des tribus, et il constate que, sur beaucoup de points, le terrain est déjà préparé pour un soulèvement. Des fanatiques lui ont frayé les voies. Un jeune homme de vingt ans, Bou-Maza, ardent et habile, a prêché la guerre sainte dans les montagnes du Dahra et de l'Ouaransenis.

Accompagné d'une chèvre, qui partage ses repas d'ermite et qui exécute à sa voix quelques tours peu compliqués, il s'est fait un nom par ses prières et ses prétendues extases. A sa voix, les Kabyles du Dahra ont déjà massacré les fonctionnaires envoyés par la France et ont communiqué leur entrain et leur audace aux Flitas et aux Beni-Ouragh.

Encouragé par ces nouvelles, Abd-el-Kader a franchi précipitamment la frontière marocaine. Il est entouré de quelques partisans déterminés qui forment sa *déira*, et avec lesquels il recommence sa vie de pillages et de rapines. Sur ces entrefaites, Bugeaud est revenu de France ; mais, après une suite de combats incertains, craignant peut-être de perdre au milieu des graves événements qu'il prévoit son prestige d'homme de guerre, il s'est déclaré fatigué, et a de nouveau quitté l'Algérie, laissant à La Moricière la responsabilité de la situation.

La campagne s'ouvre par un désastre. Le colonel de Montagnac avait été investi du commandement supérieur du camp de Djemma-Gazaouet, petit port de la frontière du Maroc fortifié par La Moricière. Appelé par de perfides indications à fortifier, contre une prétendue irruption d'Abd-el-Kader, une tribu voisine, il quitta le camp, pour n'y plus rentrer, dans la nuit du 21 septembre 1845, emmenant avec lui 755 Chasseurs à pied, 65 cavaliers, deux soldats du train et un interprète. Engagés dans un piège, écrasés par des forces supérieures, qu'animait la présence d'Abd-el-Kader, plus de quatre cents hommes succombèrent, près du marabout de Sidi-Brahim, après des prodiges de valeur. Le colonel de Montagnac, qui marchait à la tête de l'avant-garde, tomba l'un des premiers : « Je pleure cet officier, disait de lui le duc de Nemours ; il n'en était pas de plus brave ni un de plus intelligent. »

Des traits de courage héroïque signalèrent cette malheureuse journée Après que les hommes des deux compagnies formant le centre eurent été tous tués, les quatre-vingts carabiniers survivants résistèrent aux Arabes pendant deux jours, enfermés dans le marabout, sans eau et sans vivres. Ces malheureux n'avaient entre eux qu'une bouteille d'absinthe. Privés de munitions, ils coupèrent en quatre leurs dernières balles.

Abd-el-Kader, qui dirigeait lui-même cette attaque, adressa plusieurs lettres, écrites en français, à ces braves, pour leur promettre la vie sauve s'ils consentaient à se rendre ; ils refusèrent. Vers le soir du second jour, le capitaine Géraux, seul officier qui n'eût pas été tué, sortit avec ses soldats du marabout pour se diriger sur Djemma-Gazaouet. Parvenue, après des efforts prodigieux, à une lieue environ du camp, cette petite troupe eut à traverser un ravin plein de Kabyles. Ce fut un nouveau massacre, auquel dix hommes seulement échappèrent.

En présence des fautes qui avaient amené ce désastre, La Moricière, au lieu de se répandre en récriminations et en invectives, n'eut que des paroles d'admiration pour ceux qui avaient péri.

Après de tels événements, Bugeaud ne pouvait prolonger son séjour en France. Il est juste de dire que son activité fut à la hauteur des circonstances.

Rappelé en toute hâte par La Moricière, il arrive à Alger, organise promptement dix-huit colonnes mobiles, les lance sur les principaux points du territoire insurgé, leur impose des

Le général de La Moricière
en costume d'officier de zouaves.

marches, des contremarches, des fatigues écrasantes ; lui-même paie de sa personne, avec un courage aussi simple que dominateur, déployant les qualités du général et du soldat, se montrant toujours celui que son armée avait nommé l'homme de fer. En quelques mois, l'Algérie soulevée tout entière est de nouveau subjuguée et apaisée.

De cette campagne qui ne fut marquée par aucune action d'éclat, le maréchal parlait souvent avec complaisance, et c'était à bon droit : elle fut l'une des plus grandes crises, la plus grande crise peut-être de sa carrière algérienne.

Quand il rentra dans Alger avec une capote militaire usée jusqu'à la corde, entouré d'un état-major dont les habits étaient en lambeaux, marchant à la tête d'une colonne de soldats bronzés, amaigris, aux figures résolues et portant fièrement leurs guenilles, l'enthousiasme de la population fut à son comble.

La Moricière n'avait pas peu contribué, par sa modération et son esprit de justice, à cette pacification dont la principale gloire revenait au gouverneur. On en jugera par le fait suivant.

Dans la dernière période de la guerre, alors que les passions étaient au plus haut point surexcitées, il venait de vaincre la tribu des Traras qui, malgré leurs serments récents, s'étaient soulevés dans leurs montagnes à l'appel d'Abd-el-Kader. Il les avait poussés jusqu'à la mer, et ses troupes s'apprêtaient à tirer vengeance des rebelles. Il les arrêta brusquement «parce que, dit-il dans son rapport, dans la disposition d'esprit où étaient les soldats, cette vengeance aurait été peut-être trop sévère. »

Cette clémence était d'autant plus méritoire, qu'Abd-el-Kader ne semblait plus connaître d'autres lois que celle de la vengeance. Aigri par la défaite, désespéré de l'abandon des siens, réduit à la disette, il venait de faire égorger 300 prisonniers français : un seul, le clairon Rolland, avait pu s'échapper, et raconter à ses compatriotes les circonstances de l'horrible massacre. Après cet acte de barbarie, il était rentré au Maroc, découragé, et il semblait pour longtemps hors d'état de rien entreprendre.

L'Algérie était pacifiée, mais il était indispensable de la coloniser, sous peine de laisser aboutir les sacrifices de la France à une œuvre de destruction et d'anéantissement.

Depuis seize ans, La Moricière avait travaillé avec une patience et une résolution admirables à l'œuvre de la conquête ; il avait plus de vingt fois affronté la mort ; il s'était enseveli vivant sous les décombres de Constantine ; il avait facilité les succès de nos armes par la formation des Zouaves ; il avait préparé la paix par la création des bureaux arabes et par le respect constant de la foi jurée ; il avait assuré la pacification du pays en réduisant Abd-el-Kader aux abois ; il avait, par la sagesse et l'équité de son administration, garanti la tranquillité de la province qui lui était confiée. Après de tels travaux poursuivis sans interruption, il avait quelque droit, ce semble, à s'occuper enfin de sa santé, compromise par la fièvre et les incessantes fatigues de la vie des camps. D'ailleurs, il avait à cœur la colonisation de l'Algérie. Il se disait que peut-être la gloire militaire inspirerait assez de confiance à ses concitoyens pour lui faire ouvrir les portes d'une assemblée législative, où il lui serait enfin permis de faire entendre des conseils dictés par l'expérience. Il demanda donc un congé, et il arriva à Paris à la fin de l'été de 1846, à la veille des élections.

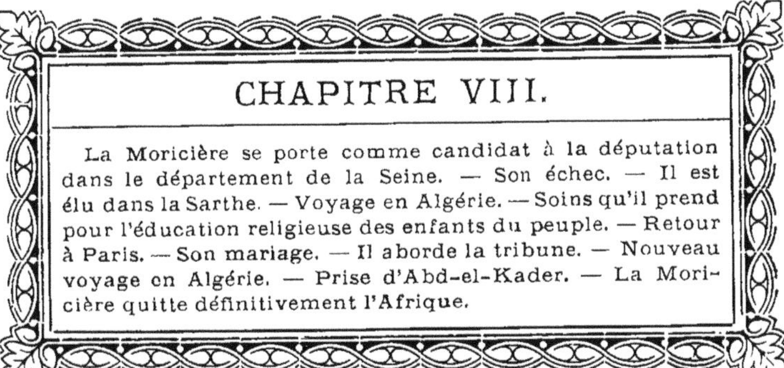

CHAPITRE VIII.

La Moricière se porte comme candidat à la députation dans le département de la Seine. — Son échec. — Il est élu dans la Sarthe. — Voyage en Algérie. — Soins qu'il prend pour l'éducation religieuse des enfants du peuple. — Retour à Paris. — Son mariage. — Il aborde la tribune. — Nouveau voyage en Algérie. — Prise d'Abd-el-Kader. — La Moricière quitte définitivement l'Afrique.

En 1845, dans un banquet que lui offraient les colons français d'Oran, La Moricière prononçait ces belles paroles : « Il y a bientôt quinze ans que nous luttons sur le sol de l'Algérie pour en assurer la possession à la France ; l'œuvre de la conquête s'avance ; la tâche de l'armée s'accomplit. Mais nous ne sommes pas venus cueillir des lauriers stériles. Il faut qu'une population française vienne se grouper sur la terre conquise, autour du drapeau de la nation, qu'elle le prenne dans ses mains et qu'elle devienne assez forte pour le soutenir. »

C'est pour travailler à la réalisation de ce beau programme que le héros de Constantine et de Mascara venait offrir à ses concitoyens le concours de son talent et de son expérience. Il semblait qu'aucun parti ne dût avoir la pensée de lui marchander sa confiance ; mais le dévouement désintéressé de La Moricière ne pouvait guère être apprécié par des hommes livrés à d'égoïstes et vulgaires passions. Toute l'attention des personnages politiques était alors absorbée par les questions irritantes de la réforme électorale et de la liberté de la presse. Au milieu du tumulte soulevé par ces préoccupations, ils n'avaient guère le temps de songer à la colonisation de l'Afrique.

Ce qui manqua à La Moricière comme candidat à la députation, ce fut d'apprécier exactement l'état d'esprit où étaient descendus ses électeurs : et qui donc pourrait en faire un crime à ce loyal soldat ?

Reçu avec une froideur hautaine par M. Guizot, accueilli avec une bienveillance compromettante par M. Thiers, qui tous deux voulaient faire de lui l'homme d'un parti, le général crut devoir faire ses affaires par lui-même. Il espérait pouvoir intéresser les électeurs du 1er arrondissement de la Seine à la colonisation de l'Algérie ; et il leur exposa ses idées dans un langage aussi élevé que patriotique : on l'arrêta pour l'interpeller sur la réforme électorale, la presse et le jury. La franchise de ses explications et de ses réponses lui valut un échec complet. Il comprit que son élection à Paris était impossible, et, le soir, rentré chez lui, il peignait d'un mot sa déconvenue : « Je ne connaissais pas encore ces tribus-là. »

Il ne fut pas plus heureux dans le département de Maine-et-Loire, où il se vit préférer des légitimistes. Heureusement, à côté de l'opposition systématique et intolérante, il avait retrouvé son ancien ami de Tocqueville, qui faisait alors partie d'un petit groupe d'hommes sincères et généreux siégeant à la Chambre sous le nom d'indépendants. Parmi eux se trouvait aussi M. Gustave de Beaumont, qui, élu dans deux départements, offrit au général de La Moricière son concours auprès des électeurs de Saint-Calais, dans la Sarthe, à la seule condition d'une simple lettre d'adhésion qu'il pût montrer à ses amis.

La Moricière accepta. Rien ne saurait donner une plus haute idée de la loyauté et du désintéressement patriotique de notre héros que les premières lignes de cette lettre.

« J'ai refusé l'appui du ministère, disait-il aux électeurs, pour ne pas m'engager à approuver quand même des actes qui m'inspiraient une répulsion profonde... Je n'ai pas satisfait l'opposition, parce que je ne regarde pas le ministère comme une place à enlever d'assaut et parce que je ne crois pas à l'efficacité des remèdes qu'elle propose... J'ai dit que, malgré tout leur patriotisme et tout leur talent, il faudrait du temps, et peut-être beaucoup, pour atteindre le but auquel tous les hommes de cœur aspirent... Les hommes doivent avant tout se respecter pour pouvoir, à un jour donné, servir le pays comme il a besoin d'être servi... Après la vie de dévouement austère que j'ai menée, j'ai été froissé de voir qu'en parlant aux électeurs, je m'adressais à des gens qui souvent ne croyaient pas à mes paroles. »

Il ajoutait, pour que l'on ne pût se méprendre sur l'honnêteté sévère avec laquelle il comptait remplir son mandat : « Si la position que j'ai en dehors du Parlement ajoute quelque importance à celle qu'a toujours un député près du gouvernement, je serai heureux d'user de mon influence pour les intérêts de l'arrondissement qui m'aura honoré de son choix ; mais je fais une différence entre les intérêts généraux de l'arrondissement et les intérêts de tels ou tels habitants qui peuvent avoir des faveurs à réclamer. »

Par malheur, ces belles paroles s'adressaient à une société que M. de Beaumont caractérisait en ces termes, à propos de l'élection du général : « Quand un homme tel que lui se présentait au pays, ce n'était, semblait-il, que pour recevoir l'ovation due à ses services et à sa gloire. Et cependant il eût été bien plus avancé si au lieu de cent victoires, il avait offert aux électeurs cent actions de chemins de fer. »

Le héros des guerres d'Afrique ne fut élu que grâce à un concours de circonstances inespérées, mais enfin il obtint la majorité des suffrages, et le concours de son expérience fut acquis au Parlement. Avant de prendre une part active aux travaux de la politique, il crut devoir assurer l'œuvre de pacification à laquelle il travaillait depuis six ans, et, à peine élu député, il retourna en Afrique, en attendant la session, reprendre son commandement.

En débarquant à Oran, en décembre 1846, il eut la joie d'apprendre qu'Abd-el-Kader, moyennant une faible rançon, consentait à rendre la liberté aux prisonniers échappés au massacre de Sidi-Brahim. Cette proposition indiquait clairement qu'Abd-el-Kader était à bout de ressources, et que sa résistance obstinée touchait à sa fin.

Ne croyant pas l'heure venue pour frapper un dernier coup, La Moricière s'occupa avec plus d'activité que jamais des intérêts matériels de la colonie ; mais les intérêts moraux des habitants avaient toujours la première place dans ses pensées.

Il est préoccupé tout d'abord du petit nombre de prêtres qui desservent l'Algérie, et il s'entend avec l'évêque d'Alger, Mgr Dupuch, sur les meilleurs moyens à prendre pour attirer dans cette vigne immense un plus grand nombre d'ouvriers. Déjà il a promis un terrain aux jésuites pour y bâtir un collège ; mais il s'inquiète particulièrement du sort des enfants sans fortune, dont beaucoup sont élevés sans aucune idée religieuse, et même sans aucun frein moral : « Vous savez comme moi, Monseigneur, écrit-il à l'évêque, que, dans les premières années de la conquête, c'était sur le rivage de l'Algérie que toutes les classes de la société venaient déposer leur écume. Vous avez pu observer les scandales et les désordres qui, par suite de cette monstrueuse agglomération, se développaient si rapidement au sein de notre colonie. Il est grand temps d'arrêter les progrès du mal, et, pour les détruire sûrement, c'est à l'enfance qu'il convient de s'adresser. Il importe qu'au milieu de tant d'exemples pernicieux, elle reçoive enfin une bonne direction. L'état de choses que je vous signale ne peut manquer d'éveiller votre sollicitude. »

Cette âme héroïque de soldat n'était-elle pas, dès lors, une âme d'apôtre, et faudra-t-il s'étonner de voir Dieu choisir plus tard cette noble épée pour lui confier la défense temporelle de son Église ?

Il semble, d'ailleurs, que la Providence ait voulu, à cette époque, récompenser tant de solides vertus, en donnant à La Moricière une compagne capable de l'encourager et de le guider dans ses aspirations de plus en plus puissantes vers la vérité religieuse. Rentré en France depuis peu pour y aborder les luttes de la tribune, il avait voulu tout d'abord se créer un foyer et y placer comme gardienne une femme pieuse, fidèle aux traditions d'une famille sans tache.

Le 21 avril 1847, il épousait à Paris Mlle Amélie d'Auberville, qui paraissait réaliser pleinement l'idéal qu'il avait rêvé. A côté de celle qui devenait sa compagne, il retrouvait toute une famille, une mère dont la sollicitude dévouée lui rappelait celle qu'il avait tant pleurée, une sœur dont le bonheur préludait au sien, un frère comme lui dévoué au service de la France.

Mais la vie publique allait de nouveau réclamer son temps et ses soins. Après quelques jours donnés aux joies domestiques, le moment vint d'exposer enfin à la tribune la vraie situation de l'Algérie et les vues que lui avait suggérées son expérience sur la colonisation rapide et prospère de ce beau pays.

La Moricière était dans son élément. Il fit devant la Chambre un exposé net, méthodique, richement documenté, de la situation respective des colons et des indigènes depuis la conquête d'Alger et des mesures à prendre pour améliorer le sort des uns et des autres. Son ami, le comte du Quatrebarbes, qui parla après lui, ne craignit pas d'appeler l'attention du gouvernement sur les besoins religieux de la colonie. Tous les deux furent écoutés avec un intérêt soutenu, et l'impression produite fut considérable.

Le gouvernement semblait enfin décidé à accorder quelque sollicitude à cette contrée si longtemps abandonnée aux compétitions des agioteurs. Ce mouvement de l'opinion publique détermina bientôt la formation de nombreux groupes d'émigrants décidés à tenter la fortune en Algérie. La Moricière leur fit assurer non seulement des concessions de terrains, mais aussi toutes les facilités nécessaires pour tirer le meilleur parti possible de leurs petits capitaux ; il fit particulièrement ses efforts pour que, dans cette vie nouvelle et nécessairement rude au début, ils ne fussent pas privés des consolations religieuses.

L'Algérie, on le disait bien haut, était pacifiée ; mais elle n'était pas délivrée de toute inquiétude. Tant qu'Abd-el-Kader, même vaincu, même dépouillé, campait à quelques lieues de la frontière, on ne pouvait se livrer à une sécurité absolue. Le duc d'Aumale venait d'être nommé gouverneur-général de l'Algérie. Le Cabinet avait fait ce choix, dans la pensée qu'un prince, un fils du « Sultan » des Français, aimé d'ailleurs et estimé de l'armée, serait plus promptement et plus aisément accepté par les Arabes.

Le maréchal Bugeaud l'avait lui-même, dit-on, demandé pour successeur. Déjà célèbre par la prise de la smala de l'émir, il allait s'illustrer de nouveau, en compagnie de La Moricière, dans la lutte suprême où le grand adversaire des Français allait livrer son épée.

Nous avons laissé Abd-el-Kader prêt à entrer en guerre avec l'empereur du Maroc, qui lui avait offert un asile. A l'époque où nous sommes parvenus, il avait réussi, par ses intrigues, à dominer toute la partie orientale de cet empire, et à menacer le trône d'Abd-er-Rhaman. Il avait de nombreux partisans dans toutes les villes du Maroc et jusque dans les rangs de l'armée impériale.

Maître de la côte entre Tétuan et Mélilla, il pouvait protéger le débarquement des munitions que l'Angleterre n'avait cessé de lui adresser secrètement. Il organisait sa petite armée, ne négligeait rien pour séduire les chefs des tribus du Riff, remplissait ses silos d'orge et de blé, levait des contributions en argent.

Comprenant enfin qu'il y allait de son pouvoir et peut-être de sa vie, Abd-er-Rhaman se mit franchement d'accord avec les Français pour donner la chasse à l'émir. Le général de La Moricière, averti, accourut à la frontière pour mettre la main sur cette noble proie.

Refoulé par les troupes marocaines aux ordres du fils de l'empereur, Muley-Mohammed, et, qui ne comptaient pas moins de 40,000 combattants, Abd-el-Kader commença à éprouver cet abandon, précurseur des déchéances. Ses deux frères eux-mêmes, Sidi-Mustapha et Sidi-Saïd, le quittèrent pour se rendre aux Français. L'opiniâtreté de l'émir n'était pas encore vaincue. Quelques compagnons de ses luttes, attachés depuis tant d'années à sa fortune, restaient fidèles jusqu'à la dernière heure.

Il résolut d'envoyer sur le territoire français toute la partie de sa déira impropre au combat, les femmes, les vieillards, les enfants, les malades, les blessés : hommage rendu à la générosité française par celui qui avait fait égorger nos soldats sans défense, et qui nous honorait assez pour ne pas craindre des représailles. Il espérait pouvoir gagner, avec ce qui lui restait de combattants, les solitudes du Sahara, ce refuge ouvert aux proscrits.

Acculé aux bords de la Moulouia et dans l'impossibilité de résister à l'armée marocaine, qui l'enserrait de tous côtés, l'émir, songeant moins à lui qu'aux siens, se mit en mesure de faire passer les bagages, les femmes et les enfants de ses compagnons d'armes dans la plaine de la Triffa, afin de les soustraire aux attaques de l'ennemi. Le commencement du passage de la rivière fut le signal du combat, que les Kabyles marocains, excités par l'appât du butin, engagèrent avec furie ; mais les cavaliers de l'émir soutinrent jusqu'au bout leur vieille réputation ; ils résistèrent tout le jour ; pas un mulet, pas un bagage ne fut enlevé.

Après avoir ainsi fait passer sa déira sur le territoire français, pour la mettre à l'abri du pillage des Marocains, l'émir la quitta et, suivi d'un petit nombre des siens, se retira vers le col de Kerbous, la seule issue qui pût le conduire au désert. Quand il en approcha, il fut reçu à coups de fusil.

Le général de La Moricière avait fait occuper le col de Kerbous par les Spahis, et se tenait à peu de distance avec ses troupes.

Abd-el-Kader comprit que tout était fini pour lui, et qu'il ne lui restait plus qu'à se rendre. Il fit parlementer avec le chef du détachement de Spahis. Il ne demandait qu'une chose : être conduit à Alexandrie ou à St-Jean d'Acre, pour ensuite aller terminer ses jours à La Mecque.

Instruit de ses désirs, La Moricière le fit d'abord assurer verbalement qu'ils seraient accueillis. La pluie qui tombait par torrents et l'obscurité de la nuit ne lui avaient pas permis d'écrire;

mais, dès que le jour parut, il lui envoya une lettre d'aman, et

Abd-el-Kader.

ratifia par écrit la convention verbale relative à la translation du prisonnier.

Les heures s'écoulaient, et comme l'émir ne paraissait pas, La Moricière craignit un stratagème ; il crut qu'à la faveur de cette négociation, engagée à dessein, et servi d'ailleurs par les ombres de la nuit, Abd-el-Kader avait gagné le Sahara. L'arrivée successive de plusieurs cavaliers de la déira qui venaient se rendre, le confirmait dans cette opinion. Tous croyaient ou affectaient de croire que l'émir avait franchi le col qui lui ouvrait le désert.

Le général de La Moricière ordonna au colonel Montauban de partir avec toute la cavalerie et de chercher à retrouver ses traces.

Après une assez longue marche, celui-ci, arrivé à la hauteur du marabout de Sidi-Brahim, si douloureusement célèbre, vit s'avancer vers lui quelques cavaliers qui, en signe de paix, agitaient les pans de leurs burnous. C'était l'avant-garde des cinquante ou soixante soldats qui restaient à l'émir. Bientôt parut Abd-el-Kader lui-même, suivi de ses derniers compagnons et des membres de sa famille.

Les murs du marabout de Sidi-Brahim, près duquel campait notre cavalerie, étaient encore teints du sang de nos soldats, et le sol parsemé de leurs ossements ; mais désormais leur mort était vengée.

Abd-el-Kader comptait trouver là le général de La Moricière, le seul homme, disait-il, entre les mains duquel il avait pu se résoudre à déposer son épée. Mais celui-ci, qui aurait si bien mérité alors d'être à l'honneur, était encore à la peine ; il s'occupait de l'installation de ses nombreux prisonniers.

Le jour même, on conduisit Abd-el-Kader à Nemours. Là, il reçut la visite de La Moricière, et lui fit cadeau de son yatagan.

Aussi modeste dans la victoire qu'intrépide au combat, le

vainqueur de l'émir s'empressa de remettre ce glorieux trophée à son chef hiérarchique, le duc d'Aumale ; mais celui-ci, dans un sentiment de justice et de générosité chevaleresque, s'en dépouilla aussitôt, et l'envoya à Mme de La Moricière. C'était le 21 décembre 1847.

Le 23, Abd-el-Kader vint se remettre officiellement entre les mains du duc d'Aumale. Il était ému, son visage était pâle, ses traits contractés. Ce n'était pas son malheur seul qui pesait sur lui, il le portait dignement ; c'était le souvenir du massacre de nos prisonniers, une de ces journées néfastes qu'on voudrait, quand vient la réflexion,effacer de sa vie avec son propre sang. Selon le cérémonial arabe, il déposa ses sandales sur le seuil de l'habitation, attendit un signe du prince pour s'asseoir, et prononça ces paroles : « Il y a longtemps que tu devais désirer ce qui s'accomplit aujourd'hui ; tout arrive selon la volonté de Dieu. » Puis le héros malheureux de l'indépendance arabe offrit au fils du roi des Français un cheval, emblème de sa soumission.

Dans l'après-midi, un bateau à vapeur l'emmena à Mers-el-Kébir. Sa mère, sa femme, son fils et quelques officiers tous blessés vinrent l'y rejoindre et s'embarquer avec lui pour la France : le gouvernement n'avait pas ratifié l'engagement pris par La Moricière de le faire conduire directement à Alexandrie. Cette infraction au droit des gens et cet inexcusable abus de la victoire firent à l'âme loyale du général une blessure que ne sut pas guérir sa nomination de grand officier de la Légion d'honneur, arrivée un mois après.

En janvier 1848, La Moricière quitta, pour ne plus la revoir, cette colonie d'Afrique à laquelle il avait consacré ses plus belles années, et qu'il n'abandonnait que pour servir encore, sur un autre champ de bataille, la France et à la civilisation.

Il avait été le soldat de la civilisation chrétienne contre le fanatisme musulman ; il allait devenir le soldat de l'humanité et de la religion contre le fanatisme bien plus redoutable de l'anarchie et de la révolution.

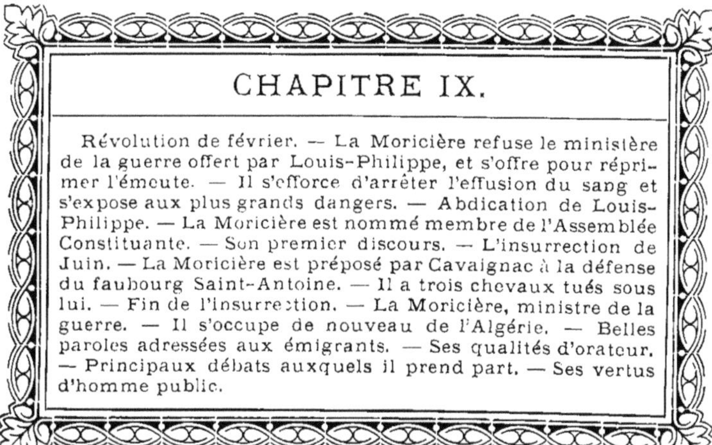

CHAPITRE IX.

Révolution de février. — La Moricière refuse le ministère de la guerre offert par Louis-Philippe, et s'offre pour réprimer l'émeute. — Il s'efforce d'arrêter l'effusion du sang et s'expose aux plus grands dangers. — Abdication de Louis-Philippe. — La Moricière est nommé membre de l'Assemblée Constituante. — Son premier discours. — L'insurrection de Juin. — La Moricière est préposé par Cavaignac à la défense du faubourg Saint-Antoine. — Il a trois chevaux tués sous lui. — Fin de l'insurrection. — La Moricière, ministre de la guerre. — Il s'occupe de nouveau de l'Algérie. — Belles paroles adressées aux émigrants. — Ses qualités d'orateur. — Principaux débats auxquels il prend part. — Ses vertus d'homme public.

LA MORICIÈRE, nous l'avons vu, siégeait à l'assemblée parmi le groupe des indépendants. Il croyait peu aux fictions constitutionnelles sur lesquelles reposait le pouvoir de Louis-Philippe, car il savait qu'un gouvernement sans principes arrêtés peut être prêt de sa ruine au moment même où sa prospérité étonne le monde ; mais il était l'ennemi de la violence et du désordre, et il était prêt à défendre le trône contre les agitations de la rue avec non moins d'énergie que ses partisans les plus intéressés ou les plus convaincus. C'est dans ces dispositions que le trouva la révolution de février.

Le 23, en présence de l'émeute devenue menaçante, le roi, qui espérait encore sauver sa couronne par un changement de ministère, avait offert à La Moricière le portefeuille de la guerre. Celui-ci refusa, disant que ce n'était pas le moment d'administrer, mais d'agir, et qu'il accepterait volontiers un commandement sous les ordres du maréchal Bugeaud. On lui demanda alors de se charger du commandement de la garde nationale, qu'il fallait rallier dans les faubourgs avant de se mettre à sa tête :

« — Tout ce que vous voudrez, dit-il ; qu'on me donne un uniforme et un cheval. »

Il part, revêtu d'une capote d'emprunt, et se rend sur les boulevards, proclamant un nouveau ministère centre gauche,

Louis-Philippe.

dont les membres les plus en vue sont MM. Thiers et Odilon Barrot. — Un insurgé demande la proclamation, la met dans sa poche, et les hommes de la barricade refusent de laisser passer le général et même de l'écouter. N'ayant plus sous la main, ni documents officiels pour convaincre les incrédules, ni troupes suffisantes pour les arrêter, le général rentre aux Tuileries, où il est témoin des dernières et pitoyables hésitations qui précèdent l'abdication du roi.

En ce moment le bruit sinistre de la fusillade éclate de nouveau dans la direction d'où vient La Moricière. Il repart, décidé à tenter l'impossible pour arrêter l'effusion du sang. Arrivé rue Saint-Honoré, des gamins armés de fusils cherchent à l'arrêter.

L'un d'eux le met en joue ; le coup rate ; un autre lui enfonce sa baïonnette dans le bras droit. Il serre à la hâte son mouchoir autour de sa blessure, et poursuit sa mission de paix. Pendant qu'il affronte ainsi la mort pour sauver ses concitoyens de l'anarchie, on vient lui annoncer que le roi a signé son abdication. Cette nouvelle pouvait apaiser l'émeute. Il court la porter aux combattants de la place du Palais Royal. Il s'agit aussi de proclamer la régence de la duchesse d'Orléans. Cette mission n'était point sans difficultés. Déjà le général Gourgaud l'avait entreprise sans succès, et MM. Baudin, Merruau et Emile de Girardin n'avaient pas été plus heureux.

La Moricière lança son cheval au milieu des balles : son cheval fut frappé et tomba. On enveloppa le général ; on le menaça, un nouveau coup de baïonnette l'atteignit au bras ; il voulut parler : personne ne l'écouta ; on l'enleva alors et on le conduisit à une ambulance de la rue de Chartres.

C'est alors qu'il reçut un premier envoyé du gouvernement provisoire, lui offrant d'accepter le ministère de la guerre. Il avertit ses collègues de cette proposition, et les suivit aux Tuileries, où ils voulaient le charger du commandement en chef de toutes les troupes. Mais il eût fallu enlever ce poste, au moment du danger, à son ancien chef, le maréchal Bugeaud ; c'était impossible :

« — Non, dit-il, en marchant à pas précipités, non, on ne fait pas descendre de cheval un maréchal de France. »

Au milieu du désordre dont on ne pouvait alors prévoir le terme, La Moricière songeait, par dessus tout, à sauver l'armée, et, avec l'armée, l'honneur, la paix et la sûreté de la France.

La révolution triomphante menaçait, en effet, de briser nos cadres, de renverser nos institutions militaires et de livrer sans défense à tous les excès la société surprise et bouleversée.

« — J'accepte la République, avait déclaré le général, je la soutiendrai, je lui serai fidèle, pourvu que la République, à son tour, conserve intacte et respecte l'armée. »

La République de 1848 est tombée, mais il lui a gardé religieusement jusqu'au bout, et au péril même de sa liberté, la parole donnée.

Il était difficile à La Moricière d'accepter des républicains, le soir du 24 février, le ministère qu'il avait refusé du roi le matin du même jour. A l'exemple de son ami, le général Bedeau, il voulut garder sa liberté, et lorsqu'il s'agit de nommer une assemblée constituante, il se présenta de nouveau devant ses électeurs de la Sarthe, centuplés par l'inauguration du suffrage universel, et obtint la presque unanimité des voix.

L'émeute apaisée, restait à édifier un gouvernement sur les ruines de celui qu'elle venait de renverser.

Dès la première séance de l'assemblée, La Moricière eut occasion d'influer d'une manière notable sur l'élection du président. Nous empruntons le récit d'un témoin oculaire.

« Je venais d'arriver à Paris, dit M. de Kerdrel [1], deux

1. *Journal de Rennes.*

jours avant la réunion de la Constituante, quand le hasard me fit assister, dans la salle des conférences, à une discussion où le général prit, sous ce rapport, la situation la plus nette. Dans un groupe de représentants, on débattait, avec une animosité extrême, la question de la présidence de l'Assemblée ; deux noms étaient particulièrement agités et opposés l'un à l'autre : celui de M. Trélat, connu par ses sentiments radicaux, ouvertement hostile à la religion, et celui de M. Buchez, qui, dans ses écrits, avait souvent rendu hommage à l'Église. Deux des principaux interlocuteurs de M. de La Moricière, MM. Étienne Arago et Jean Reynaud, ne voulaient à aucun prix de Buchez, qui, selon l'expression du dernier, n'était qu'un *sectaire*.

— « Un sectaire ! reprit vivement le général ; ah ! vous appelez sectaire un homme attaché à la religion de l'immense majorité des Français ! Eh bien ! je vous prédis que si la République ne se présente pas au pays sous une forme tempérée, que si elle ne rassure pas, par ses premiers choix, les populations effrayées, que si, en un mot, elle ne se distingue pas de la première République, elle ne fera pas de vieux os. Je ne suis pas précisément un grand dévot, moi ; mais je vous le répète, si vous faites fi des sentiments, des aspirations, des craintes de ceux que vous traitez de sectaires, vous perdrez la République et vous-mêmes. »

Ces énergiques paroles, prononcées devant plus de cinquante représentants dans la chambre des conférences, firent rapidement leur chemin, et ne furent pas sans influence sur l'élection de Buchez.

Par cet acte, la Constituante prouva qu'elle ne permettrait pas plus de porter atteinte à la religion qu'à la famille et à la propriété.

De telles dispositions, il faut l'avouer, faisaient honneur au nouveau gouvernement, mais elles étaient loin de satisfaire tous les appétits, que d'imprudentes promesses avaient déchaînés.

On s'aperçut trop tard que les masses d'ouvriers sans travail, payés par les ateliers nationaux, et formant la majorité de la

Lamartine.

garde nationale, avaient entre les mains des fusils qui pourraient devenir terribles en temps d'émeute. Il eût été urgent de faire rentrer dans Paris assez de troupes pour les contenir, à l'occasion, mais Lamartine, dont la popularité aurait pu faire accepter cette mesure, n'osa pas en accepter la responsabilité.

Il ne fallait qu'un prétexte pour armer la population ouvrière contre les troupes trop peu nombreuses qui défendaient Paris. Il lui fut donné par la dissolution des ateliers nationaux. Le lendemain, 23 juin, cinquante mille hommes sans travail s'attroupaient et hérissaient Paris de barricades formidables.

Le général Cavaignac venait d'être nommé ministre de la Guerre.

En présence de la moitié de Paris occupée par la révolte et changée en une forteresse qui devenait d'heure en heure plus redoutable, il songea à ses soldats d'Afrique, et il voulut confier au plus brillant de tous l'attaque la plus considérable et la plus difficile.

La Moricière vit d'un coup d'œil que tout était perdu, si l'on n'engageait pas ensemble la garde mobile, la garde nationale et la troupe.

A peine arrivé sur le lieu du combat, il attaque l'émeute sans attendre toutes ses forces, lançant la garde mobile en tête de la première colonne à l'assaut de la première barricade et imprimant ainsi dès le début à ses soldats un élan qui ne doit pas fléchir.

Si quelquefois, en présence de ces masses de pierre qui cachaient tant de bouches à feu, et d'où partaient des balles qui firent tomber en trois jours tant de généraux, la troupe étonnée semblait hésiter un instant, La Moricière, après avoir abrité ses soldats et ses gardes mobiles le long des murs et des portes cochères, s'avançait seul, lentement, calme sur son cheval, au milieu de la rue; il s'approchait jusqu'au pied des barricades, et revenait en disant :

— « Vous voyez bien que ce n'est pas difficile ! »

Une décharge abat son cheval ; il se relève, ramasse tranquillement son cigare, saute sur un autre cheval, et dit gaîment à ses soldats :

— « Soyez tranquilles! petit bonhomme vit encore! » Et à un de ses collègues de la Chambre qui lui faisait un banal compliment sur son courage :

— « Du courage! répond brusquement La Moricière, allons donc! tenez, avouez que ces gens-là ne savent pas tirer! »

— « Toutefois, dit Mgr Dupanloup, je tiens de témoins oculaires que la mâle physionomie du général avait, ce jour-là, une expression particulière. Au feu, en Afrique, La Moricière était comme à une fête, badinant, riant, animé, jouant aux balles, pour ainsi dire; et on raconte que c'était admirable de le voir partir sur son cheval aux naseaux fumants, le képi sur l'oreille, le cigare à la bouche et l'œil enflammé de courage et de joie. Mais en ce jour-ci, ceux qui le virent sur les boulevards de Paris, à la tête de la petite armée qu'il conduisait aux barricades, remarquèrent son regard mélancolique et sombre ; en lui le citoyen attristait le soldat! Il allait voir tomber ses hommes sous des balles françaises, et attaquer des frères égarés! Mais il savait que son devoir était solennel et sacré. Si cette formidable émeute, plus formidable qu'aucune autre parce qu'elle avait été préparée, armée, organisée pendant trois mois, si elle l'emportait, c'en était fait de la société ; le courage civique et militaire était déconcerté, l'esprit de désordre triomphant, et la victoire du mal certaine [1]. »

La Moricière avait été chargé par Cavaignac d'attaquer les faubourgs du nord ; les insurgés du centre étaient chargés par le général Bedeau, ceux du midi, par le général Damesme.

Cavaignac, informé que le flanc droit du général de La Moricière, engagé dans le faubourg de Saint-Denis, était menacé

1. *Oraison funèbre du général de La Moricière.*

par le faubourg du Temple, s'y porta à la tête de sept bataillons pour opérer une diversion; mais la barricade qu'il rencontra dans le faubourg du Temple était si énergiquement défendue,

Mgr Affre, archevêque de Paris.

qu'après avoir vu les deux tiers de ses artilleurs tués sur leurs pièces avec leurs chevaux, il ne parvint à se dégager qu'avec l'aide d'un détachement que lui envoya La Moricière.

Bedeau, Damesme, Duvivier, avaient été successivement

frappés. Quant à La Moricière, obligé de tenir tête pendant trois jours, avec une faible troupe, à la masse des insurgés de tous les faubourgs septentrionaux, il avait eu trois chevaux tués sous lui sans recevoir une blessure. Le matin du troisième jour, Cavaignac put enfin envoyer des renforts à son héroïque lieutenant.

La Moricière avait deviné qu'on ne viendrait jamais à bout des insurgés à moins d'ouvrir par la sape des galeries dans les maisons qu'ils occupaient et de les attaquer corps à corps au lieu d'essuyer leurs feux plongeants. Dès qu'il eut à sa disposition les forces suffisantes, ce plan fut mis à exécution, et ses soldats s'apprêtaient à faire payer cher aux insurgés les pertes qu'ils avaient subies, lorsqu'une intervention inattendue fit cesser le feu de part et d'autre.

Vers la fin de la journée, le vénérable archevêque de Paris paraissait sur les barricades, et essayait d'arrêter, par la persuasion, une résistance désormais inutile. Atteint d'une balle en pleine poitrine, il trouva dans l'accomplissement de son devoir de pasteur une mort à jamais glorieuse. Aussitôt le cri : « L'archevêque est blessé » circula dans les rangs, et fit mettre bas les armes.

Le lendemain, 26 juin, l'insurrection était définitivement vaincue, et le ministre de la Guerre écrivait à La Moricière : « Merci, mon ami ; vous avez été grand, plus grand que vous-même pendant ces quatre jours. La Patrie, la République vous en remercient par ma voix, puisque je puis encore aujourd'hui parler en leur nom. » C'étaient, en effet, les généraux et les soldats d'Afrique qui avaient sauvé la République en péril.

A la suite de ces fatales journées, l'Assemblée, reconnaissant ce qu'elle devait au général Cavaignac, remit entre ses mains le pouvoir exécutif. Le ministère de la Guerre restait vacant.

Cavaignac l'offrit à son ami, qui, cette fois, ne formula plus d'objection.

Nous sommes arrivés à la période la plus active de sa vie politique. Il n'oubliait pas son grand projet : la colonisation de l'Algérie. Dès le mois de septembre 1848, il fit voter un décret ouvrant un crédit de cinquante millions pour l'établissement de colonies agricoles dans l'Afrique nouvellement conquise. Une telle marque d'intérêt de la part du gouvernement encourageait plus que jamais à tenter la fortune ; aussi 40,000 émigrants se déclarèrent-ils prêts à profiter des faveurs qu'on leur offrait.

La Moricière se réjouissait à la pensée de voir enfin des bras français remuer le sol de sa chère Algérie ; mais craignant, en même temps, de ne trouver dans bon nombre de colons que de vulgaires spéculateurs, il ne voulut point les laisser partir sans essayer de leur communiquer, dans une chaude et vibrante allocution, la flamme de son patriotisme :

— « C'est au travail intelligent et civilisateur, leur disait-il, d'achever ce que la force a commencé. La poudre et les baïonnettes ont fait en Algérie ce qu'elles pouvaient y faire ; c'est à la bêche et à la charrue d'accomplir leur tâche. Mais rappelez-vous que ces plaines, que vous allez féconder de vos sueurs, ont été longtemps arrosées du sang de vos frères de l'armée qui l'ont versé pour vous et sans espoir de récompense.

« Avant de nous quitter, permettez à un ancien soldat d'Afrique de vous dire que si jamais, en défrichant vos champs, vous trouvez dans les broussailles une croix de bois entourée de quelques pierres, cette croix vous demande une larme ou une prière pour le pauvre enfant du peuple, votre frère, qui est mort là, en combattant pour la patrie, et qui s'est sacrifié tout entier pour que vous puissiez un jour, sans même savoir son nom, recueillir le fruit de son courage et de son dévouement. »

Nobles paroles, où le sentiment chrétien perçait d'une manière touchante, et qui ont plus fait peut-être pour la prospérité durable de notre colonie, que tous les avantages matériels promis aux émigrants !

Les secours pécuniaires étaient loin, en effet, de satisfaire à toutes les nécessités. Il fallait des lois intelligentes et appropriées à la condition spéciale de ces Français du dehors pour protéger leurs intérêts et favoriser l'expansion de leur vie sociale ; il fallait aussi des établissements capables d'assurer le fonctionnement régulier du service religieux.

On peut dire que, pendant son court passage au ministère, La Moricière se consacra tout entier à ces grandes œuvres qui avaient fait l'objet de ses rêves depuis tant d'années. Création d'une commission chargée de réviser la constitution de l'Algérie, liquidation des indemnités dues pour expropriation depuis la conquête, fondation des municipalités sur le sol africain, fixation du taux de l'intérêt légal, constitution de la propriété communale, détermination de la nature des revenus qui appartenaient à la couronne, réorganisation administrative, création de tout un système civil nouveau, tels sont les principaux résultats de l'activité que La Moricière déploya pendant six mois en faveur de l'Algérie.

En même temps que des villages destinés aux colons, il faisait bâtir des églises :

— « Ce que nous avons voulu, disait-il, en demandant un crédit pour le clergé de ces nouvelles paroisses, c'est que la population transportée en ces lieux y retrouvât, autant que possible, la patrie. La patrie, c'est la famille ; cette famille, ils l'ont amenée avec eux. La patrie, c'est le clocher, l'église du village. L'église est bâtie ; mais pour lui donner la vie, il faut un prêtre. »

Toutes ces concessions, il ne les avait point obtenues sans peine ; il les avait arrachées de haute lutte ; la tribune était devenue pour lui un autre champ de bataille.

En présence de la Chambre, même intrépidité, même entrain, même vivacité qu'en présence des Arabes ; moins de calme cependant, parce que la force d'inertie opposait à cette bouillante nature une résistance plus irritante que l'agression directe.

Fine, habile, subtile même, sous les apparences d'un laisser-aller qui n'est pas sans charme, la parole du général se distingue surtout par la rapidité, l'abondance, la chaleur. Mais, au milieu même des engagements les plus vifs, jamais son ferme bon sens ne l'abandonne.

Dès son entrée au ministère, il avait élevé au grade de général les colonels Bosquet et Mac-Mahon, dont il avait maintes fois reconnu la valeur en Algérie. A la séance du 20 octobre 1848, un vieil officier osa accuser la rapidité de cet avancement, qu'il regardait comme le fait de la *camaraderie* : il alla même jusqu'à qualifier l'élévation du ministre de la Guerre de coup de hasard.

La Moricière resta calme sous l'injure : « On doit faire les choix, dit-il, non seulement en vue des services rendus, mais surtout en vue des services qu'on peut attendre. Je ne crois pas qu'il existe d'instrument de précision pour évaluer le mérite des hommes, pour deviner ce que l'on peut espérer de leur avenir. J'ai fait mes choix dans l'intérêt public ; ma conscience ne me reproche rien. » — Inutile de dire si les événements ont depuis justifié sa confiance.

Quant à Cavaignac, témoin de cette attaque aussi lâche

que peu justifiée à l'égard de son frère d'armes, il avait bondi à la tribune :

— « Il y a une chose qui m'étonne, monsieur, dit-il à l'agresseur, c'est que vous, qui étiez là sur la terre d'Afrique comme nous, vous n'ayez trouvé d'autre motif à l'élévation de cet homme que la fortune ou le hasard. Pour moi, si j'ai une surprise à exprimer, moi qui connais La Moricière depuis quinze ans, c'est de le voir au second rang quand je suis au premier. »

Préoccupé spécialement de la question d'Afrique, La Moricière n'oubliait point les intérêts de la mère-patrie. Il prit une part active, dès les premiers mois, au débat ouvert devant l'assemblée, au sujet de la conscription. Il proposait de substituer au remplacement militaire une exonération qui, payée à l'État, devait profiter aux soldats appelés sous les drapeaux.

Il eut pour adversaire M. Thiers, qui ne croyait pas la République assez affermie pour pouvoir imposer au pays des mœurs aussi contraires aux intérêts de la bourgeoisie. Quelque parti que l'on prenne dans cette délicate question, il n'est pas possible de refuser à La Moricière l'intelligence compatissante du besoin et des misères du peuple, qui seul supportait alors l'impôt du sang.

Voici comment il plaidait la cause du conscrit qui ne peut se faire remplacer :

— « M. Thiers a oublié que quand cet homme est parti du village, il y a laissé sa mère, une famille, à la porte de laquelle était la misère. Le conscrit de nos campagnes, en rentrant dans son village, y retrouve cette misère qui a assiégé sa famille, sa famille au secours de laquelle il n'a pas pu venir ; car vous l'avez enlevé au moment où il allait la récompenser des dépenses qu'elle avait faites pour l'élever. — Je parle de ceux qui reviennent ; mais ceux qui ne reviennent pas ! A celui qui n'a que le travail de ses deux bras pour vivre, vous dites : « Tu n'as que tes deux bras, je te prends tout, tes deux bras, ton corps ! » Et au père de famille invalide qui n'a qu'un fils de vingt ans pour appui, vous dites : « Tu n'as pour vivre que le travail de sa journée ; je te l'enlève ! » Et vous lui prenez son fils ! Et vous croyez que je ne m'occupe pas plus de celui-là que de vos jeunes gens qui doivent devenir avocats, notaires ou médecins, et qui, à l'expiration de leur service, auront toujours plus de moyens que le pauvre de se faire une carrière ? » — C'est ainsi qu'avant même d'étudier l'Évangile, ce loyal soldat mettait en pratique le « *misereor super turbam* ».

Il ne se borna point, du reste, à des motions démocratiques ; l'amour de l'ordre et de la justice pour tous fut toujours le mobile de ses décisions. C'est ainsi qu'il vota contre le droit au travail, contre l'établissement des clubs, et, en général, contre toutes les mesures qui pouvaient favoriser l'anarchie. Qu'il ait eu, relativement à quelques-unes de ces questions, dont plusieurs étaient si nouvelles pour lui, des vues peu conciliables avec les nécessités de la pratique, on ne saurait lui en faire un crime : il était avant tout ministre de la guerre, et il traitait toujours les questions militaires avec une rare compétence. D'ailleurs, pour réussir en politique, il faut presque toujours être soutenu par un parti, et sa nature ne lui permettait pas d'être homme de parti. Au milieu de tous les débats et de toutes les contradictions, il voulut toujours uniquement servir la France.

Ce dont il faut lui savoir gré, c'est d'être resté, à travers la mêlée des passions, l'homme le plus exempt d'amertume et d'envie. Il put avoir des rivaux, il ne fut jamais l'ennemi de personne. Combien d'hommes politiques pourraient se rendre le même témoignage ?

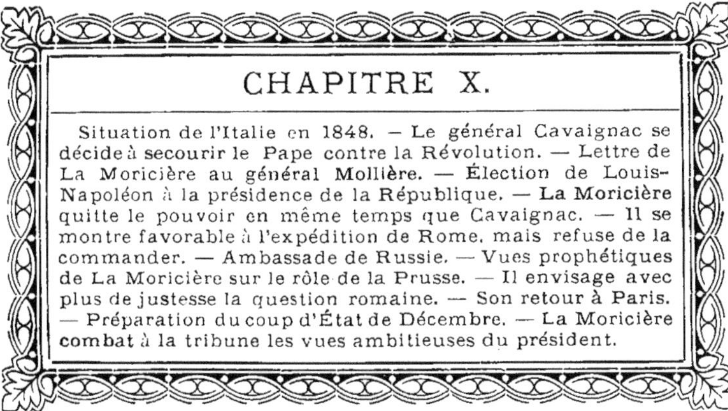

CHAPITRE X.

Situation de l'Italie en 1848. — Le général Cavaignac se décide à secourir le Pape contre la Révolution. — Lettre de La Moricière au général Mollière. — Élection de Louis-Napoléon à la présidence de la République. — La Moricière quitte le pouvoir en même temps que Cavaignac. — Il se montre favorable à l'expédition de Rome, mais refuse de la commander. — Ambassade de Russie. — Vues prophétiques de La Moricière sur le rôle de la Prusse. — Il envisage avec plus de justesse la question romaine. — Son retour à Paris. — Préparation du coup d'État de Décembre. — La Moricière combat à la tribune les vues ambitieuses du président.

SI la politique intérieure de La Moricière, pendant son ministère, ne fut pas exempte d'illusions, on ne saurait lui reprocher d'avoir manqué de clairvoyance relativement aux dangers qui menaçaient l'Europe.

A peine monté sur le trône pontifical, Pie IX venait de voir ses intentions méconnues, et les libertés qu'il avait accordées à son peuple tournées contre lui. Mazzini, fondateur de la société maçonnique *la jeune Italie*, démasquait son projet de renverser tous les trônes, en commençant par celui du Pape. Tout contribuait à accroître les embarras de la Papauté. L'amitié même de l'Autriche qui, inquiète pour la conservation de ses provinces dans la Péninsule, garnissait de troupes ses places d'Italie, créait une difficulté de plus pour le gouvernement pontifical.

Sur ces entrefaites avait éclaté la révolution de Février. Surexcités par cette nouvelle, enhardis par l'annonce de l'agitation qui troublait Vienne, les Lombards et les Vénitiens s'insurgèrent contre l'Autriche. Milan et Venise se mirent en pleine révolte et contraignirent le général Radetzky à se retrancher avec son armée entre l'Adige et le Mincio.

En même temps, Charles-Albert, roi de Sardaigne, poursuivant les vues ambitieuses de la maison de Savoie, franchissait le Tessin à la tête de ses troupes. Dès lors, l'Italie fut en feu. Des volontaires partirent de la Toscane et de Naples pour la Lombardie. Rome se montra la plus ardente de toutes les villes.

Déjà le Pape avait accordé une constitution à ses sujets. En apprenant le triomphe de l'insurrection lombarde, les meneurs s'écrièrent qu'il fallait chasser les étrangers. Tous les excès étaient à craindre de la part d'une populace à la merci de quelques criminels, dont plusieurs devaient au Pape la liberté.

Dans cette extrémité, Pie IX chercha autour de lui aide et assistance. Confiant dans la loyauté et la prévoyance du général Cavaignac, il lui demanda le secours de quelques bataillons français.

Les préjugés révolutionnaires, qui creusaient un abime entre les intérêts de l'Église et ceux de l'État, étaient alors trop universellement admis pour qu'une telle demande fût accueillie.

Cavaignac chargea son ministre des affaires étrangères, M. Bastide, d'exprimer au Pape son vif regret de ne pouvoir répondre à cet appel. Quelques jours après, le comte Rossi, principal ministre de Pie IX, tombait sous le poignard des révolutionnaires, Rome était envahie, et le Pape assiégé au Quirinal.

En présence d'une telle audace de la part des chefs de l'émeute, on comprit enfin que la paix de l'Europe pourrait bien être liée à la liberté du Pape ; le général Cavaignac, d'accord avec ses ministres, prit immédiatement sur lui, avant d'avoir consulté l'Assemblée, de pourvoir à la sécurité personnelle de Pie IX.

La Moricière avait sur la nécessité d'une expédition à Rome des vues personnelles, très nettes et très profondes, dont nous trouvons l'exposé dans une lettre adressée alors au général Mollière, chargé d'intervenir en Italie au nom de la France.

Nous croyons devoir citer les passages les plus saillants de cette lettre. Ils montreront quelle part prit, dès l'origine, notre héros aux efforts tentés en faveur de l'indépendance du Pape :

« Le gouvernement, dit-il, a été informé par l'ambassadeur de la République à Rome que Sa Sainteté le Pape était menacé dans sa liberté, et qu'il ne serait pas impossible qu'il demandât à la France un asile, ou même de favoriser son départ. Dans ces circonstances, le gouvernement s'est décidé à envoyer à Cività-Vecchia M. de Corcelles, représentant du peuple, avec le titre d'envoyé extraordinaire, et de le faire accompagner par trois frégates à vapeur, avec 2400 à 3000 hommes de débarquement... Si le Pape se réfugie à Cività-Vecchia, vous l'y défendrez. Si on réclame de vous de marcher au devant de lui pour protéger sa fuite de Rome, vous jugerez jusqu'où les forces dont vous disposerez vous permettront d'avancer, sans compromettre les résultats de l'entreprise et l'honneur des armes. Il ne peut être question, vous le sentez, d'aller à Rome avec 2000 à 3000 hommes pour délivrer le Pape, s'il y était retenu prisonnier. Si une opération de cette nature devenait nécessaire, le gouvernement y emploierait des forces suffisantes. »

Arrivé à Toulon, le plénipotentiaire chargé des négociations, M. de Corcelles, apprit que le Pape avait quitté Rome et qu'il se trouvait à Gaëte. Il s'y rendit immédiatement, pour offrir du moins à Pie IX l'hospitalité de la France ; mais celui-ci ne désespérait pas encore de la fidélité des troupes de l'État pontifical ; il venait, d'ailleurs, de dénoncer à toutes les puissances catholiques l'attentat dont il était l'objet : il préféra attendre en Italie le résultat de sa protestation.

Cependant de graves événements se succédaient en France. L'Assemblée Constituante n'avait pu contenter ni républicains ni monarchistes. Elle avait élaboré une constitution qui ne manquait pas de mérite, mais sans la soumettre à la sanction du peuple, dont elle proclamait pourtant la souveraineté. De son côté le général Cavaignac, malgré son incontestable honnêteté, n'avait pu empêcher la République de compromettre les intérêts des riches sans apporter aucune compensation aux classes laborieuses.

Napoléon III.

Témoin de ce malaise, le prince Louis-Napoléon, élu député à la Constituante par quatre départements, saisit l'occasion pour exploiter à son profit les grands souvenirs que rappelait au peuple le nom qu'il portait. Candidat à la présidence de l'Assemblée il obtint du suffrage populaire, le 10 décembre 1848,plus de cinq millions de voix, contre un million et demi environ données à Cavaignac.

Celui-ci s'empressa de quitter le pouvoir. Avant de renoncer à la vie publique, il voulut remercier publiquement les ministres qui lui avaient loyalement prêté leur concours, et spécialement son frère d'armes La Moricière, qui avait été son plus solide et son plus constant appui. L'ancien ministre de la guerre remit son portefeuille le 20 décembre.

Cependant la question romaine, ouverte sous le gouvernement provisoire, restait toujours pendante. Pie IX, du fond de son exil de Gaëte, avait fait appel à l'Autriche, au royaume de Naples et à la France. Le prince-président, qui avait pris des engagements avec les catholiques, se voyait moralement obligé de secourir le Pape; d'autre part, ses anciennes relations avec les sociétés secrètes d'Italie le faisaient hésiter à combattre la République romaine, établie par le trop fameux Mazzini.

La Moricière avait été nommé membre d'une commission chargée de préparer la solution de cette difficulté. Il avait comme collègue un homme indifférent aux intérêts religieux, enclin vers les principes révolutionnaires, l'avocat Jules Favre. Lui-même était loin alors de voir dans la restauration de la royauté pontificale la cause sacrée qui devait plus tard lui faire tirer l'épée ; mais il ne croyait pas qu'en bonne politique on pût favoriser une république usurpatrice qui ne présentait aucune chance d'avenir; il ne croyait pas davantage que l'honneur de la France permît de se laisser devancer par l'Autriche et le royaume de Naples; il conclut pour l'envoi d'une expédition à Cività-Vecchia.

— « Nous allons en Italie, disait-il, non pour sauver la République romaine, qui ne peut, je le regrette, être sauvée, mais au moins pour sauver la liberté. Il faut occuper Cività-Vecchia, et si, comme tout porte à le croire, on apprend que les Autrichiens marchent sur Rome, il faut y marcher nous-mêmes, afin de sauver ce qu'on peut sauver du naufrage, c'est-à-dire la liberté et l'influence de la France en Italie. »

On sait avec quel manque de décision fut conduite cette expédition, et combien pénibles en furent les débuts. Le 25 avril 1849, une armée française débarquait à Cività-Vecchia sous les ordres du général Oudinot. Certains diplomates français assuraient au général en chef qu'il lui suffirait de se présenter devant Rome pour que les portes lui en fussent ouvertes par une réaction puissante qui se préparait au-dedans.

En conséquence, le 30 avril, l'armée s'avance au pied des remparts, mais elle est reçue par des coups de feu. Toutefois une porte s'ouvre devant un bataillon français ; des Romains sortent en foule, agitant des mouchoirs blancs et criant : « Vive la paix! vive la France! » Le bataillon, trompé par ces démonstrations, se laisse entraîner dans la ville, où il est pris et déclaré prisonnier de guerre.

Il fallut donc faire un siège en règle. Les opérations du siège furent encore entravées par un négociateur civil, M. de Lesseps, qui entra dans Rome, et, après plusieurs semaines, conclut avec les révolutionnaires un traité contraire à ses instructions, contraire aux instructions du général en chef, contraire à l'honneur de la France et au but de l'expédition.

Il était réservé à un ami de La Moricière, M. de Corcelles, de mener à bonne fin cette entreprise en lui rendant son véritable caractère. L'Assemblée Législative, qui venait de succéder à la Constituante (15 mai 1849) le chargea d'activer les opérations du siège de Rome et de préparer, au plus tôt, le rappel du Pape dans ses États. On désirait que cette restauration fût aussi libérale que possible, sans porter atteinte à la liberté ou à la dignité du Pontife. Le nouvel envoyé poussa l'entreprise avec tant d'habileté et d'entrain, que le 30 juin, Rome se rendait aux Français sans condition.

Sur ces entrefaites, La Moricière avait été élu membre de l'Assemblée Législative dans deux départements : la Seine et la Sarthe. Il avait opté pour la Sarthe. M. de Corcelles, qui con-

M. de Tocqueville.

naissait de longue date sa décision et son audace à la tête des troupes, lui avait fait proposer le commandement du corps expéditionnaire de Rome, afin de terminer au plus tôt le siège, qui traînait en longueur. Mais La Moricière subissait alors l'influence d'un autre de ses amis, M. de Tocqueville, dont le libéralisme ombrageux craignait par dessus tout le triomphe d'une réaction dans les États de l'Église. Il refusa de s'en charger, bien loin de se douter que, six années après, il répondrait à l'appel direct de Pie IX.

En attendant, la Providence allait lui confier une mission lointaine, au cours de laquelle son esprit, si ouvert et si naturellement droit, allait se dégager peu à peu des préjugés entretenus par son entourage.

Presque tous les États de l'Europe, après avoir subi l'influence du mouvement de 1848, étaient revenus à une politique de réaction. Seule, la Russie n'avait pas subi le contre-coup de notre révolution, et n'avait rien à changer, ni dans ses institutions, ni dans son attitude. La France, tout en combattant les révolutionnaires à Rome, se donnait toujours le rôle de champion de la liberté en Europe, et, chose remarquable, elle songeait au chef d'un gouvernement autocratique pour appuyer sa mission. M. de Tocqueville était alors ministre des affaires étrangères. Il voulut sonder, à ce sujet, les dispositions de la Russie, et confia à La Moricière cette délicate mission. Il lui recommandait très spécialement d'invoquer l'intervention du czar auprès de la cour de Vienne pour le triomphe des prétentions de la France relativement aux réformes qu'il convenait de demander au Pape.

Une autre mission, il est vrai, était confiée à La Moricière, celle-ci toute d'honneur et d'humanité internationale : elle consistait à défendre auprès de l'empereur Nicolas le droit d'asile revendiqué par la Porte ottomane au profit des vaincus de la Hongrie.

Cette cause, que la générosité française ne pouvait abandonner sans abdiquer en Orient devant la prépondérance menaçante de la Russie, fut gagnée par l'ambassadeur de la République.

Quant au premier objet de sa mission, s'il ne put déterminer le czar à influer effectivement sur les affaires d'Italie, il l'amena du moins à la promesse d'une neutralité bienveillante.

En se rendant à Varsovie, où Nicolas résidait momentanément, La Moricière avait traversé la Prusse. A la pensée de cette masse de trente millions d'habitants que le gouvernement de Berlin travaillait à grouper sous son sceptre, sur lesquels il exerçait un ascendant croissant, notre envoyé prévoyait le jour où cette puissance toute militaire étoufferait l'indépendance des petits États, et menacerait même l'équilibre européen : « Une Prusse de 30 millions d'âmes ne nous convient pas, écrivait-il à M. de Tocqueville. Car si chacun croît autour de nous sans que nous augmentions, nous diminuerons par le fait même. »

Heureux si telles prophéties eussent ouvert les yeux de Louis-Napoléon ! Il n'en devait pas être ainsi, hélas ! mais du moins le clairvoyant ambassadeur n'eut pas la douleur d'assister aux effroyables calamités qu'il avait prédites. Le voyage de Russie lui apporta, d'ailleurs, des enseignements d'un autre ordre et d'un plus grand prix.

Il dut s'entretenir de la question romaine avec le chevalier de Nesselrode et le prince de Schwarzenberg, ministre d'Autriche, qui se trouvait alors en Pologne. Ces deux hommes éminents, plus versés que lui dans les secrets de la diplomatie et de la politique, ne tardèrent pas à lui faire comprendre que les réformes que voulait imposer la France au gouvernement pontifical étaient, en partie, irréalisables, et que la divine constitution de l'Église ne s'accommoderait jamais avec les principes révolutionnaires.

Le représentant de la France, le futur général de Pie IX, apprenait ainsi à vénérer dans le Saint Siège une autorité placée au-dessus de toutes les discussions humaines, en attendant que la France, à l'exemple de La Moricière, reprît à l'égard du Pape sa véritable mission.

Sur ces entrefaites, on apprit en Russie que le prince-président venait de renvoyer le cabinet Odilon Barrot, composé d'amis intimes de La Moricière, pour composer un nouveau ministère entièrement dévoué à ses vues. Cet événement donnait quelque vraisemblance aux projets d'un coup d'État que l'on attribuait déjà en Europe à Louis-Napoléon.

Sans croire encore à cette menace, La Moricière donna sur-le-champ sa démission, demandant à être remplacé dans le plus bref délai. La lutte allait éclater entre l'Assemblée, qui, d'après la Constitution, devait gouverner par la main des ministres, et le Président, qui prétendait conduire les affaires par lui-même. C'était à cette lutte que le général brûlait de prendre part, sentant que toutes les libertés, tous les intérêts de la France y étaient engagés.

A peine rentré à Paris, La Moricière se rendit chez le Président, afin de lui rendre compte de sa mission. Il profita de cette circonstance pour lui dire nettement ce qu'il avait sur le cœur; puis, cette déclaration de guerre loyalement faite, il sortit de là pour la porter à la tribune.

La lutte s'engagea au mois de mai, à propos du suffrage universel, que la droite de l'Assemblée, avec Berryer, Thiers et Montalembert proposait de restreindre. La Moricière savait avec quelle indignation les masses populaires accueilleraient cette proposition, et il craignait de voir se lever, à cette occasion, de nouvelles journées de Juin ; il prévoyait surtout que cette loi, réclamée par la majorité de la Chambre, deviendrait l'arme dont on se servirait pour la briser dix-huit mois plus tard ; voilà pourquoi il la combattit de toutes ses forces.

« Messieurs, dit-il, soyons francs, on ne ruse pas avec le suffrage universel, avec le bon sens du pays. Vous craignez le suffrage universel. Pourtant, ne nous a-t-il pas donné la Constituante, qui a sauvé le pays ? Ne nous a-t-il pas donné le Président de la République et cette Assemblée où, grâce à Dieu, le parti de l'ordre n'est pas en minorité ? Eh bien ! Messieurs, est-ce que les Assemblées sorties de ce suffrage universel ne représentent pas mieux le pays que celles que nous avons vues sous la dernière monarchie ? »

Ces raisons pouvaient n'être pas sans réplique ; mais elles avaient pour elles le mérite de l'actualité et l'excuse de conclure au maintien intégral de la Constitution.

Les conseils de La Moricière ne furent pas écoutés. La loi du 31 mai fut votée à une forte majorité. Le Président avait pris lui-même l'initiative de cette loi ; mais à peine fut-elle acceptée, qu'il se hâta de l'attribuer à l'Assemblée, afin d'exciter contre elle les méfiances de l'opinion publique, et, lorsque, le 2 décembre 1851, on annonça au peuple que la loi était abrogée, il était trop tard.

Les dissentiments s'accusaient de plus en plus entre le Président et l'Assemblée. Jusqu'alors il n'avait pas osé se mesurer directement avec elle. Si la majorité avait formé un groupe compact et indivisible, jamais peut-être l'audace ne fût venue au prince de l'attaquer. Mais le temps pressait ; son mandat présidentiel allait prendre fin : il n'hésita plus. Sortir de l'ombre où le maintenait la Constitution, s'appuyer sur le peuple et sur l'armée, demander la révision de l'article qui interdisait sa réélection, et, s'il ne l'obtenait point, passer outre, tel fut le plan qu'il adopta et qu'il suivit.

Peu de temps après, il se mettait en voyage, parcourait successivement la Bourgogne, la Franche-Comté, l'Alsace, la

Lorraine, la Normandie, présidant des banquets, semant des promesses, rappelant les souvenirs glorieux du premier Empire, excitant habilement la défiance contre l'Assemblée, posant devant tous les conseils généraux de France la question de la révision, puis passant des revues et offrant le champagne aux soldats,qui criaient: «Vive l'Empereur!»

Le coup d'État était imminent. Avant la catastrophe définitive, La Moricière voulut donner aux partisans de la réélection du prince un dernier avertissement: « Vous travaillez, leur dit-il du haut de la tribune, au profit d'un parti qui ne veut d'aucune de nos libertés, qui ne veut pas de ceux qui pensent, de ceux qui parlent, de ceux qui écrivent, et ce parti viendra vous proposer quoi? l'Empire, moins le génie, la grandeur et la gloire..., c'est-à-dire le despotisme tout nu, dans ce qu'il a de plus révoltant. » Ces courageuses paroles devaient être cruellement expiées.

CHAPITRE XI.

Arrestation de La Moricière. — Il est enfermé dans la forteresse de Ham, puis conduit en Belgique. — Il refuse de prêter serment au nouveau gouvernement, et il est, pour ce fait, rayé des cadres de l'armée. — Il s'établit à Bruxelles. — Sa sollicitude pour les pauvres qui habitent les terres de sa famille. — Ses occupations en Belgique ; ses compagnons d'exil. — Récit d'un de ses visiteurs. — Son retour à la pratique du catholicisme. — Mgr Dechamps et La Moricière. — Vivacité de sa foi. — Ardeur avec laquelle il la défend. — Son fils unique meurt en France, sans qu'il puisse assister à ses derniers moments. — Fin de son exil.

DANS la nuit du 1er au 2 décembre 1851, de nombreux agents de police montaient à l'appartement de La Moricière. Le général dormait, et le bruit de cette invasion ne parvenait point à le tirer de son sommeil.

Lorsqu'après mille pourparlers et une lutte en règle contre le concierge, les agents pénétrèrent dans la chambre, La Moricière, comprenant enfin ce dont il s'agissait, appela son domestique :

— « Voyez donc, dit-il, si l'argent que j'ai mis sur la cheminée y est encore.

— Monsieur, interrompit l'un des commissaires, cette question est injurieuse pour moi.

— Pourquoi cela ? dit le général. Est-ce que je vous connais ? Qui me prouve que vous n'êtes pas des malfaiteurs ? »

Le commissaire exhiba ses insignes et lut son mandat. Alors seulement le général demanda ses vêtements.

On exigea sa parole d'honneur qu'il n'essayerait pas de fuir. « Je ne donne rien, je ne promets rien ; faites de moi ce que vous voudrez », se borna-t-il à répondre avec cette résignation railleuse du vrai courage qui sent toute résistance impossible.

On partit pour Mazas. Une fois écroué au greffe de la prison, il recommanda qu'on eût soin, dans la perquisition qui pourrait être faite chez lui, de ne pas détériorer ses belles armes, tro-

Le fort de Ham.

phée des victoires d'Afrique, et qu'on voulût lui bien envoyer des cigares et l'*Histoire de la Révolution française*. Il ne pouvait prévoir à quelles vexations allait le soumettre le pouvoir usurpateur qui affectait de voir en lui un de ses plus redoutables adversaires.

Les généraux Changarnier, Cavaignac, Bedeau, Le Flô, le colonel Charras, tous anciens Africains, avaient été arrêtés en même temps que lui, et conduits, les uns à Mazas, les autres au mont Valérien.

« Le 4 décembre, à 4 heures du matin, une voiture cellulaire vint prendre les illustres captifs. C'était un fourgon destiné au transport des femmes. « On n'avait pas pris soin de le débarrasser des immondices de la veille ; il était si étroit, que le général Cavaignac, dont les jambes étaient les plus longues, pouvait à peine se tenir assis, et souffrit cruellement du voyage. On partit sans savoir si l'on allait à la frontière ou à Cayenne. Soit hasard, soit préméditation, le château de Ham, qui avait renfermé le prince Louis-Napoléon, était destiné à recevoir ceux qu'il regardait comme ses ennemis déclarés. Pendant plusieurs jours, le secret y fut rigoureusement maintenu. Néanmoins, La Moricière avait à cœur de rassurer les siens, et sa tendresse lui suggéra un stratagème auquel un brave soldat servit discrètement de complice. La sentinelle déposa un instant sa pipe sur le bord de la fenêtre entr'ouverte. Le général y bourra et recouvrit d'un peu de tabac ce billet écrit au crayon : « Nous arrivons au fort de Ham en très bonne compagnie. Je me porte bien. » Voilà le message peu séditieux qui fut mis quelques heures plus tard à la poste, et qui parvint à une adresse amie. Le même moyen servit au général pour avoir quelques nouvelles du dehors (1). »

Il avait été enfermé dans un cabanon froid et humide, sur les murs duquel l'eau ruisselait. Il y contracta une affection

1. Keller, *Le général de La Moricière*, etc. t. II, p. 176.

rhumatismale dont il ne guérit jamais complètement, et dont la dernière crise amena sa mort. Au bout de quarante jours de ce *carcere duro*, la surveillance devint moins sévère ; on laissa entrer quelques amis des détenus, et le fidèle de Tocqueville ne manqua pas de venir consoler dans cette horrible épreuve son compagnon de jeunesse. Enfin, le 8 janvier 1852, on annonça aux prisonniers qu'ils allaient être conduits hors du territoire français.

Bedeau fut dirigé sur Bruxelles, Changarnier sur Malines ; La Moricière fut conduit jusqu'à Cologne. Le désir de se rapprocher d'un frère d'armes lui fit bientôt quitter cette ville pour s'établir dans la capitale de la Belgique. Il devait y passer seize ans.

Quelques mois après, soumis, comme officier inscrit sur les cadres de l'activité, au serment exigé par la nouvelle Constitution, et mis en demeure de prêter ce serment, il refusa avec éclat par une lettre que publièrent tous les journaux. C'était jouer sa fortune patrimoniale et l'avenir de ses enfants, car il pouvait tout craindre de celui qui ne craignait pas de maintenir la confiscation prononcée contre les princes d'Orléans.

On se borna à le mettre à la retraite, en lui faisant valoir le procédé bienveillant du prince. Sa fierté ne pouvait accepter une pareille appréciation : « Après trente ans de service, écrivit-il au ministre, la pension de retraite est un droit, une propriété inviolable, à laquelle la démission volontaire ou imposée ne saurait porter atteinte. La non-violation d'un droit ne s'appelle pas bienveillance. »

Avant que cet acte de justice lui assurât dans l'exil une existence modeste, alors qu'il avait de graves raisons de craindre pour sa fortune, et qu'il cherchait déjà, pour vivre, des leçons de mathématiques, il écrivait à sa femme, qui se préparait à quitter l'Anjou pour aller le rejoindre à Bruxelles :

« Je voudrais, comme dernier acte de charité à faire en mon nom avant votre départ, que vous prissiez des mesures pour que le père Meunier pût avoir une vache. Il est peu probable qu'il me revoie ; mais il verra que je pense à lui. »

Ainsi ce noble cœur, se croyant à la veille d'être dépouillé de tout, voulait, avant de penser à ses propres besoins, soulager la misère d'un vieillard indigent !

Ses craintes ne se réalisèrent pas, et les rigueurs de la pauvreté ne vinrent pas s'ajouter à celles de l'exil.

Prévoyant bien qu'il ne reverrait pas de sitôt la France, qui accueillait le nouveau régime avec une faveur de plus en plus marquée, il s'établit à Bruxelles en vue d'un séjour indéfini. Toujours fidèle à ses habitudes militaires, il prit un modeste appartement dans la rue Ducale, et s'y installa avec la simplicité qui avait toujours été de son goût.

Sa frugalité surprenait les rares étrangers qui venaient parfois partager son repas de famille. Impossible de le faire rester plus d'une demi-heure à table ; même invité chez ses amis, il demandait, avant la fin du repas, la permission de se lever et d'arpenter la salle à manger. Évitant les réunions nombreuses, il passait ses journées dans la société de sa femme, de ses enfants et de ses deux compagnons d'Afrique, Bedeau et Charras. Parfois, Changarnier venait de Malines, et passait quelques jours à causer avec son ami de la France et de l'Algérie.

Ces conversations, qui faisaient revivre à La Moricière les jours glorieux d'autrefois, lui rendaient toujours l'entrain et parfois l'enthousiasme.

Un jour, un historien venu de France était allé lui demander des détails sur les guerres d'Afrique. C'était le prendre par son faible. La Moricière retrouva, pour satisfaire le visiteur, les plus beaux traits de son éloquence militaire. Voici le récit de l'entrevue :

« Je crois encore entendre le général La Moricière dans le salon de l'hôtel qu'il occupait, rue Ducale, 19, près du Parc Vert à Bruxelles. J'avais d'abord essayé de l'interroger sur ses campagnes, sur la part qu'il avait prise à cette guerre aux expéditions rapides, aux vives escarmouches, aux impétueuses razzias, aux surprises soudaines, aux poursuites acharnées. Entreprise inutile ! Parmi tant de qualités, La Moricière n'avait point celle d'écouter et de répondre ; il ne laissait pas prendre l'initiative, il la prenait. Les souvenirs de ses jours de gloire lui revenant en foule, je le vis se transfigurer.

« Il marchait à grands pas dans le salon, la tête haute, l'œil en feu, la voix stridente comme le clairon qui sonne la charge. C'était peu de la sonner il la conduisait. La guerre était là, avec sa fièvre ardente, son haleine de feu, ses alertes, ses élans sublimes.

« Je cherchais de l'œil les Zouaves s'élançant au pas de course derrière leur vaillant chef qui leur avait communiqué les vives allures de son caractère et de son génie. Je voyais Abd-el-Kader pousser des pointes rapides du côté où il n'était pas attendu, puis disparaître en un instant avec son insaisissable cavalerie, pour reparaître de nouveau, toujours repoussé sans être découragé. Je voyais La Moricière s'acharner à sa poursuite, le chasser de proche en proche, le refouler vers le désert, jusqu'à ce qu'enfin l'infatigable émir vînt se remettre dans les mains de son vainqueur, après avoir eu l'honneur de balancer pendant quelques années, en Afrique, la fortune de la France. Tous ces événements revivaient devant moi, j'y assistais ; j'avais interrogé le général La Moricière sur la guerre de l'Algérie ; il avait frappé du pied la terre, et la guerre elle-même en était sortie, en disant : « Me voilà (1) ! »

Mais les visites de compatriotes et les enivrants récits de bataille n'étaient que de rares éclairs dans la vie monotone de l'exilé. Il avait été de tout, il n'était plus de rien. Autrefois, le temps l'emportait comme un torrent sur ses vagues impétueuses, et voilà que sa barque était entrée dans les eaux dormantes d'un lac immobile. Cloué à sa place pendant que tout marchait autour de lui, il éprouvait cette sensation douloureuse du vieillard que le monde délaisse peu à peu, et qui se voit enfermé vivant dans le sépulcre de l'oubli.

Ces amères préoccupations l'assiégeaient chaque jour, mais combien elles devinrent plus poignantes pendant la glorieuse expédition de Crimée ! Ces Zouaves vainqueurs à l'Alma, c'étaient les siens ! Ces régiments bronzés par le soleil d'Afrique, et affrontant gaîment les glaces de la mer Noire, c'étaient les siens ! Ces généraux, qui mouraient avec un héroïsme si simple et si fier, c'étaient ses élèves ou ses camarades ! Et lui, alors que les destinées de la France se jouaient sur les champs de bataille, était réduit à mener l'existence d'un bourgeois paisible au fond d'un hôtel de Bruxelles ! C'est là que Dieu l'attendait.

— « Je ne serais par surpris, lui avait écrit jadis son ancien camarade, le commandant Marceau, que, pour te ramener à lui, Dieu te ménageât quelques-uns de ces déboires qui tournent à l'avantage ou à la perte de celui qui les éprouve, suivant ses dispositions. Si je te parle ainsi, c'est qu'afin que le jour où cela t'arrivera, au lieu de t'en prendre à un sort aveugle ou de chercher à l'expliquer par des raisons humaines, tu songes à lever les yeux et à demander à Dieu la lumière. »

1. Alfred Nettement, *Histoire de la Conquête de l'Algérie*, Introduction.

Ces prophétiques paroles devaient se réaliser de point en

R. P. Dechamps.

point. L'épreuve était venue, cruelle et inexorable, mais

instructive. La Moricière allait écouter docilement les leçons du malheur ; la victoire qu'il allait remporter sur lui-même allait être aussi complète et aussi décisive que la plus belle de ses victoires d'Afrique.

Jamais le germe de la foi ne s'était éteint dans cette noble et loyale nature. En Algérie, La Moricière avait favorisé de tout son pouvoir les intérêts du catholicisme; en 1850, il avait conduit lui-même un prêtre au chevet d'un de ses oncles mourant.

Un jour qu'on lui demandait s'il avait perdu la foi :

« Comment ! s'écria-t-il en frappant la terre du pied, si j'ai perdu la foi ! un Breton ne perd jamais la foi ! »

Mais l'instruction religieuse très superficielle qu'il avait reçue dans sa jeunesse et qu'il n'avait pas eu le temps de compléter depuis n'avait pas su le préserver de l'indifférence pratique, pas plus que les quelques lectures théologiques qu'il avait faites dans l'âge mûr n'avaient triomphé des erreurs ou des préjugés puisés dans un long commerce avec des incroyants.

Dans les loisirs forcés de la captivité et de l'exil, il comprit que le moment était venu d'examiner à fond la grande affaire qu'il avait eu le tort, comme tant d'hommes publics, de faire passer après d'autres moins importantes.

Dès le temps de son séjour dans la forteresse de Ham, il avait voulu lire et méditer la Bible. Arrivé en Belgique, il entretint avec le P. Gratry une correspondance qui fit peu à peu tomber tous ses doutes. Enfin, en 1855, il se détermina à faire le pas décisif.

Il suivait les conférences d'un Avent prêché à l'église Saint-Jacques de Bruxelles par le Père Dechamps, depuis cardinal-archevêque de Malines. Après un discours sur la nature des peines de l'enfer, il alla le trouver à son couvent, et, sans autre préambule :

— « Mon Père, lui dit-il en l'abordant, ce que vous avez avancé est très vrai : l'enfer et le ciel commencent pour quelques-uns dès cette vie. »

Il y eut un dernier combat. La discussion, loyalement conduite, amena la défaite — triomphante à l'envi des victoires — de celui qui avait gagné tant de batailles.

L'éminent religieux qui avait eu le bonheur de conduire à Dieu cette grande âme, racontait cet événement, quelque temps après la mort du converti, en termes dignes de son héros.

Faisant l'éloge funèbre de La Moricière dans la cathédrale de Frascati, Mgr Dechamps, alors évêque de Namur, s'exprimait ainsi : « J'ai assisté, Messieurs, à ce combat intérieur de votre chef ; j'ai vu La Moricière faire le siège de la vérité et l'emporter d'assaut. Je dis l'emporter d'assaut, non qu'il ait négligé de se préparer à cette victoire, non qu'il ait omis de déblayer le terrain aux approches de la place ; mais en ce sens qu'une fois en face de la vérité, il l'a saisie de ce coup d'œil rapide et sûr qui lui était propre.

« La Moricière, à la vérité, n'avait pas perdu la foi. Il ne l'avait pas du moins perdue de cœur, quoiqu'il l'eût perdue de vue à travers la poudre des batailles. Pour la lui faire pleinement retrouver, il plut à Dieu de l'arracher à la gloire. Je me trompe. Dieu ne parut l'arracher à la gloire que pour l'élever à une gloire supérieure. Il permit donc que La Moricière n'eût plus d'ennemis à vaincre au dehors, et qu'il fût seul en présence de lui-même... Il lisait les livres comme il faisait la guerre, et quand il avait parcouru de volumineux ouvrages, on jouissait d'un plaisir intellectuel incomparable en les lui entendant résumer à sa manière, par quelques mots décisifs... La

Moricière vit donc la vérité et la saisit de toute la puissance de son regard. Mais il fallait entrer dans la place par la brèche que nul ne fait qu'à genoux.

« Il la fit à genoux, Messieurs, mais pour se relever plus grand et pour entrer dans la vie chrétienne avec toutes les forces de son âme. Il connaissait ce mot de saint Paul : « *Il faut croire de cœur pour être juste, et il faut confesser sa foi pour être sauvé.* » Ici les traits abondent, mais je n'en citerai de nouveau qu'un seul, parce qu'il peut encore vous servir.

« Un illustre historien, M. Thiers, vint de Paris à Bruxelles. Le soir même de son arrivée, il écrivit un mot au général pour le prier de vouloir bien se rendre à son hôtel le lendemain matin à sept heures : « Je vais à Waterloo, lui disait-il ; j'ai besoin de vous pour mieux étudier le champ de bataille. » La Moricière lui répondit : « Je serai demain chez vous, non à sept heures, mais à huit, parce que c'est dimanche et que je vais à la messe. »

A partir de cette époque jusqu'à la fin de sa vie, le général, sans faire ostentation de ses nouveaux sentiments, tint à confesser sa foi, simplement et dignement.

Un de ses compagnons d'exil vient un jour lui faire visite, et le trouve assujettissant les cartes de géographie sur lesquelles il suit la marche de nos troupes de Crimée avec les livres qui lui sont devenus les plus usuels. Piqué de curiosité, il regarde le titre de ces livres : c'étaient le catéchisme, un livre de messe, l'*Imitation de* Jésus-Christ et un volume des œuvres philosophiques du P. Gratry. Et comme il s'étonnait de le voir s'adonner à de pareilles lectures :

— « Eh bien ! oui, dit vivement le général, j'en suis là, je m'occupe de cela. Je ne veux pas rester comme vous, le pied en l'air, entre le ciel et la terre, entre le jour et la nuit ; je veux savoir où je vais, à quoi m'en tenir. Et je n'en fais pas mystère. »

Une fois en possession de la vérité, La Moricière s'étonnait lui-même d'avoir pu vivre aussi longtemps sans la connaître, et il plaignait de tout son cœur les gens d'esprit qui n'ignorent rien, excepté ce qu'il leur importe le plus de savoir :

— « Si l'on prouvait, dit-il, qu'il existe une religion qui a pour elle la science, l'histoire, la philosophie, les arts, les grands hommes, qui a pour elle le passé, le présent, l'avenir, qui peut seule résoudre les difficultés du temps actuel, qui répond aux besoins de tous les esprits, de tous les cœurs, de toutes les volontés, de toutes les classes, de tous les malheureux, qui peut seule assurer le bonheur présent et le bonheur futur, quel est l'homme qui n'en voudrait pas ? Eh bien ! tel est le catholicisme, et pour s'en convaincre, la lecture de quelques livres suffirait. Mais on ne les lit pas. »

S'il rencontrait par hasard sur son chemin quelqu'un de ces apôtres de la morale indépendante qui prétendent remplacer par une doctrine nouvelle les vieux dogmes de l'Évangile, sa pitié se changeait en ironie sanglante :

— « Que veux-tu, disait-il à un de ces faiseurs de systèmes, avec tes livres et tes discours ? Tu veux détruire le christianisme, le déshonorer, l'étouffer dans la boue ? Mais as-tu du moins quelque chose à mettre à la place ? Qu'est-ce que tu as ? Tu as tes opinions, tes systèmes, tes désirs. Tu as du style, tu as de la colère, tu as toi, ta raison, ta volonté, tes passions. — Tu as du nouveau, dis-tu ? mais tiens, je préfère de beaucoup le vieux au nouveau. Car le vieux, c'est Dieu, le nouveau, c'est toi. Le vieux, c'est la vérité prouvée ; le nouveau, c'est l'assertion sans la preuve. Le vieux, c'est la morale en action ; le nouveau, c'est la morale en l'air. Le vieux fait des hommes, des citoyens, des cœurs, des héros ; le nouveau ne fera jamais que des furieux, des malheureux, des enragés et des sauvages. »

La Moricière ne se contentait pas de flageller avec les armes du ridicule les implacables tenants de l'erreur ; il voulait faire participer au bienfait de la vérité dont il jouissait les âmes honnêtes qui cherchaient sincèrement leur voie ; il disait à un de ses meilleurs amis :

— « Mon cher, nous n'avons plus rien à faire ici-bas; l'honneur, la liberté, le respect de la parole jurée, tout cela a été englouti le 2 décembre, foulé aux pieds par l'auteur du coup d'État ; c'est là-haut maintenant que toutes les âmes honnêtes doivent regarder. Méprisons les choses de la terre, choses viles et méprisables, occupons-nous des choses du ciel, les seules aujourd'hui saintes et respectables. Là sont la justice suprême, la bonté suprême, le bonheur suprême ! En dehors de cela, il n'y a rien, absolument rien ! »

Ces sentiments le soutenaient au milieu des regrets et des privations de l'exil ; ils allaient le fortifier dans une épreuve plus rude encore que Dieu réservait à son cœur de père.

Ce fut en 1857. Pendant un voyage de Mme de La Moricière en France, alors que le général restait seul en Belgique, leur fils unique tomba dangereusement malade. C'était le moment, pour le gouvernement de Napoléon III, de relâcher quelque chose de sa sévérité en faveur d'un père malheureux. L'ambassadeur de France à Bruxelles reçut l'ordre de faire dire à La Moricière, que s'il désirait un passe-port, on le lui accorderait, mais qu'il fallait en faire la demande et s'engager à quitter la France de nouveau lorsque l'enfant serait guéri. Ces conditions étaient incompatibles avec l'honneur : La Moricière refusa, et sa digne compagne sut trouver assez d'énergie pour lui écrire, du chevet de son fils moribond, qu'elle approuvait sa décision. Quelques heures après, l'enfant mourait. La mère le déposait dans le cimetière de la paroisse natale, pendant que le père, désolé, éperdu, gémissait seul au delà de la frontière.

L'âme du vieux soldat débordait d'amertume ; mais bientôt la foi du chrétien ramena le calme et la paix dans ce cœur brisé. Quelques jours après cette cruelle épreuve, il écrivait à sa femme :

« Nous devons aimer nos enfants pour eux-mêmes et pour leur bonheur. Après tout, Michel sera plus heureux dans le ciel qu'avec nous ; Dieu nous l'avait donné, Dieu nous l'a ôté, que son saint nom soit béni, et que sa volonté s'accomplisse ! » — Ainsi ont toujours parlé les saints.

C'en était trop, une telle fierté dans le malheur, une résignation si admirable aux décrets de la Providence avaient fait réfléchir le gouvernement impérial. La Moricière reçut, sans l'avoir sollicitée et sans aucune condition, l'autorisation de rentrer en France.

Au commencement de 1858, il quittait Bruxelles, et se rendait à son château du Chillon en Anjou. Il se proposait de donner désormais tous ses soins à l'éducation de ses enfants et à la surveillance de ses terres ; mais la Providence n'avait pas encore marqué l'heure du repos à ce bon serviteur : il allait reprendre pour la cause de l'Église l'épée qu'il avait si dignement portée au service de la France.

CHAPITRE XII.

Lutte des révolutionnaires italiens contre le pouvoir temporel du Pape. — Complicité de Napoléon III. — Le Piémont envahit une partie des États de l'Église. — Pie IX se décide à former une armée pour défendre ce qui lui reste. — Il jette les yeux sur La Moricière pour lui en confier le commandement. — Le général accepte. — Scène touchante du départ. — Arrivée de La Moricière à Rome. — Mécontentement de l'ambassadeur de France. — Mgr de Mérode nommé ministre des armes. — Difficultés d'organisation. — Prodigieuse activité du ministre des armes et du général. — Ils mettent sur pied, au bout de quatre mois, une armée de dix-huit mille hommes.

APRÈS la campagne de 1849, Pie IX, rappelé à Rome par le général Oudinot, avait visité en personne les principales villes de ses États, et reconquis une légitime popularité.

On comprend qu'il ne pût se résoudre à marcher désormais dans les voies de la politique antérieure, dont les événements de 1848 l'avaient si cruellement récompensé; mais, protégé par les troupes françaises, qui continuaient d'occuper Rome, par les troupes autrichiennes restées dans les Légations, secondé par l'habile politique de son secrétaire d'État Antonelli, il pouvait espérer, pour son domaine temporel, des jours de trêve, sinon une paix assurée.

Cependant la révolution n'était pas satisfaite. En présence de cette restauration du pouvoir pontifical, le Piémont prit, dès le principe, une attitude hostile et menaçante. Dès lors, Napoléon III se trouva placé, par sa politique, entre deux situations extrêmes. D'un côté, il se croyait obligé de ménager les catholiques, qui avaient favorisé son avènement et qui formaient encore le principal appui de son trône ; de l'autre, il se sentait enchainé par les engagements révolutionnaires de sa jeunesse. Une politique nouvelle, armée de promesses aussi mensongères que ses protestations étaient inefficaces, voulut paraître ménager à la fois les intérêts catholiques et ce qu'on appelait les aspirations nationales du Piémont.

Pour favoriser l'ambition de cette nouvelle puissance, il fallait jeter les Autrichiens hors de l'Italie : Napoléon déclara la guerre à l'Autriche. L'alliance d'une princesse, fille de Victor-

Le Cardinal Antonelli.

Emmanuel, avec le prince Jérôme, cousin de l'empereur, resserra les liens d'intimité entre la France et le Piémont, et établit entre eux une sorte de solidarité.

Nous n'avons pas ici à raconter les sanglantes journées et les admirables victoires de Magenta et de Solferino, dont la gloire revint à nos soldats, et le profit au roi de Piémont. Il suffit de rappeler les conséquences de cette campagne, qui souleva l'Italie, déposséda les souverains de plusieurs petits États, et ne fit qu'irriter les convoitises révolutionnaires. Les préliminaires de la paix de Villafranca parlaient de modération et semblaient promettre la justice ; mais on sait qu'ils n'arrêtèrent pas un instant le Piémont. Les annexions, nonobstant les traités de Villafranca et de Zurich, s'accomplirent dans les duchés de Parme, de Plaisance, de Modène, de Toscane, dans les Légations et dans les Romagnes, par les manœuvres les plus odieuses, sans aucune liberté, sous la pression des baïonnettes piémontaises, avec toutes les forces de l'intimidation et de la corruption.

On méditait de procéder de la même manière à l'invasion des États romains. Bientôt on refuse de faire droit aux réclamations du Souverain-Pontife protestant contre l'annexion des provinces qui lui appartenaient. La Romagne est occupée militairement par le Piémont. Pie IX se plaint de cette usurpation contraire au droit des gens ; on le somme d'accepter le fait accompli, de reconnaître le gouvernement laïque imposé aux provinces séparées et d'introduire des réformes dans le reste de ses États.

Le Pape ne s'oppose point aux réformes légitimes : il en a pris lui-même l'initiative ; mais il déclare à l'Europe, dans une encyclique, qu'il ne regardera jamais l'usurpation comme un droit. Plus tard, dans une allocution adressée aux cardinaux, il blâme hautement le principe de *non intervention*, qui n'est pas autre chose que l'impunité accordée à l'usurpation et au sacrilège, et il n'hésite pas à proclamer le devoir de l'Europe en présence de la violation d'un droit qui est le droit de l'Europe entière.

L'Europe devait, hélas ! rester sourde aux appels du vicaire de Jésus-Christ. En fait, les diverses puissances étaient trop paralysées ou trop divisées par les récents événements pour porter un secours efficace au Saint-Siège. L'Espagne tremblait à la pensée de mécontenter Napoléon III ; l'Autriche, qui ne possédait plus que Venise au delà des monts, semblait se désintéresser de la cause de la papauté, qu'elle avait toujours mollement défendue ; la Russie schismatique voyait surtout dans le Pape un rival spirituel dont l'humiliation ne pouvait que servir ses intérêts ; la Prusse protestante obéissait aux mêmes préoccupations. En un mot, pas une puissance au monde ne consentait à tirer l'épée pour venger la cause du Christ dépouillé dans la personne de son vicaire.

Et cependant Pie IX ne pouvait pas céder sans résistance ce domaine temporel qu'il avait juré de laisser intact à ses successeurs ! Il résolut de réorganiser les troupes dispersées et démoralisées qui formaient la milice de son petit État, de faire appel aux jeunes gens de tous les pays qui auraient à cœur de soutenir une cause sacrée, mais trahie, et d'attendre en paix l'accomplissement des décrets divins.

Tout en mettant en Dieu son plus ferme espoir, il se croyait obligé à suivre les règles de la prudence, et à mettre du côté de sa petite armée toutes les chances possibles de succès.

Bientôt, les volontaires arrivèrent de presque tous les points de l'Europe.

Réunis aux soldats des États romains, ils formèrent bientôt un effectif présentable.

C'était bien, mais il fallait leur trouver un général, car on ne pouvait pas raisonnablement compter, pour faire face à des événements aussi graves que ceux qui se préparaient, sur les anciens officiers de l'armée pontificale, qui n'avaient sans doute jamais dirigé la moindre expédition, sinon contre les brigands de la campagne romaine.

Après de longues conférences avec son aumônier, Mgr

Mgr de Mérode.

Xavier de Mérode, l'ancien officier belge que nous avons vu

en Afrique, Pie IX arrêta ses vues sur La Moricière. Ce choix faisait honneur, sans contredit, à la clairvoyance du Pape: renommée militaire incomparable, bravoure au-dessus de tout éloge ; merveilleux talent d'organisation, foi profonde et désormais inaltérable, tout semblait désigner l'ancien colonel des Zouaves comme le soldat de la papauté abandonnée et à demi vaincue. Mais accepterait-il ? Sans doute, la cause était belle et tenterait certainement sa grande âme ; mais les années commençaient à peser sur les épaules du vétéran d'Afrique.

D'autre part, il n'était plus seul comme à l'époque où il parcourait, insouciant et joyeux, les champs de bataille de l'Algérie. S'il venait à succomber au poste périlleux qu'on voulait lui confier, qui prendrait soin de sa famille désormais sans appui ? Pie IX avait prévu ces difficultés, et, pour donner à une négociation délicate toutes les chances possibles de succès, il chargea Mgr de Mérode lui-même d'aller sonder les dispositions du général.

« Un soir, dit Mgr Dupanloup, dans une chambre retirée, à Prouzel, étaient réunis un général, un prêtre, un jeune homme. On discutait la question de savoir si le général devait aller se mettre à la tête de l'armée du Pape. Il ne s'agissait pas d'augmenter sa gloire, mais de la sacrifier ; d'illustrer sa vie, mais de l'exposer. On lui demandait d'aller à Rome, de passer la mer, de quitter la France, et de prendre le commandement d'une poignée de jeunes gens qui n'avaient pas vu le feu, appuyés sur des arsenaux vides et des magasins épuisés, ne parlant pas la même langue, mais ralliés par la foi, sur un petit territoire pris entre deux armées dix fois plus nombreuses, plus aguerries, mieux équipées. Il s'agissait de passer pour un étourdi aux yeux des sages, pour un factieux aux yeux des politiques, pour un chef aventureux aux yeux des militaires, en deux mots, d'agir sans espoir et de mourir sans gloire. Le prêtre insistait, le jeune homme hésitait, le général méditait. Tout à coup, le guerrier se leva, et dit d'une voix nette et calme : « J'irai. »

« Le jeune homme pleura d'admiration, et le prêtre, se levant et posant les mains sur les épaules du guerrier comme pour le bénir, approcha sa tête en silence de sa poitrine, et il baisa son cœur !

« Le jeune homme a été tué près de son chef ; le prêtre, caractère intrépide et pur, veille encore près du chef des croyants, et le général est celui que je pleure ! Et lorsque, le lendemain de sa décision, un de ses anciens compagnons d'armes lui objectait les difficultés de l'entreprise et le péril de sa gloire : « Quand le Saint Père, dans son abandon, dit le général, réclame d'un catholique le secours de son épée, on ne refuse pas. »

Cette cause, d'ailleurs, était la sienne depuis longtemps. Mais, en 1860, les choses étaient bien changées ; la cause du Pape, si populaire alors que les périls de la société rendaient sensible à tous l'importance sociale de la papauté, avait subi bien des revers et des abandons.

La Moricière ne se fit aucune illusion ; il vit les dangers certains, l'impopularité certaine ; il savait qu'il pouvait être vaincu et qu'il serait raillé, et il partit.

— « Vous n'avez jamais été vaincu, lui disait un de ses amis, vous le serez ! »

— Que m'importe ? La cause en vaut la peine, répondit-il.

— Mais réfléchissez-y bien.

— Avant tout, un sentiment, ou plutôt un devoir me domine. Je vois un père que le courant emporte ; ce père me tend la main, et j'aurais le cœur d'hésiter ! Non ! On me crie :

« Il vous entraînera dans se perte ! » Eh bien ! soit !

— On déclarera que vous n'êtes plus Français.

— Mon ami, quand je mourrai, on ne me demandera pas si j'ai su le code pénal mais le catéchisme, et, pour m'ouvrir les portes du paradis, on n'examinera pas si on m'a fermé celles de mon pays. »

Et, avec une fierté toute chrétienne et toute française, il ajoutait, dans une lettre que tout le monde a lue : « Si on m'enlevait ma qualité de citoyen français, le monde catholique tout entier me la rendrait par acclamation ! »

Ce fut le 19 mars 1860 que le général, à peine remis d'un accès de goutte, se mit en route. Mme de La Moricière, digne épouse de ce grand chrétien, avait approuvé son héroïque résolution, acceptant d'avance toutes les épreuves que la Providence pouvait réserver à sa tendresse conjugale.

Deux voyageurs accompagnaient le futur défenseur du Pape : Mgr de Mérode et le jeune homme qui avait assisté à la scène décrite tout à l'heure, M. François Cattoir. Peu de personnes connaissaient le but du voyage. Pour le mieux dissimuler encore, on résolut de passer par la Belgique.

A Bruxelles, La Moricière retrouva le P. Dechamps, son guide dans la lutte suprême pour le devoir et pour la vérité, et, à la veille d'aller confesser sa foi contre les ennemis de l'Église, il voulut se munir une dernière fois de ses bénédictions et de ses conseils.

A Cologne, nouvelle occasion de fortifier sa piété et d'attirer sur son entreprise la protection d'en haut. Le tombeau des Rois Mages, vénéré à la cathédrale, sollicitait les pèlerins pour plus d'un motif. Les Mérode avaient autrefois donné l'hospitalité à ces reliques insignes dans leur château de Grammont, en Franche-Comté. En souvenir de ce fait, les chevaliers de cette famille avaient seuls le droit d'entrer l'épée au côté dans la magnifique chapelle de Cologne. Mgr de Mérode prit le sabre de La Moricière, son cher sabre d'Afrique, le cacha sous sa soutane, et visita ainsi les ossements vénérés que ses ancêtres avaient préservés de la profanation.

On passa ensuite à Munich, et de là à Trieste, dans le plus strict incognito, de sorte que La Moricière put arriver à Ancône sans avoir éveillé les soupçons de la police française.

A peine arrivé, il se mit à l'œuvre. Visite de la citadelle, du lazaret, des remparts et des casernes; levée des plans et devis nécessaires pour faire relier entre eux le port et l'arsenal, note des approvisionnements indispensables pour soutenir un siège, tout fut terminé en deux jours.

Mais La Moricière n'avait pas encore reçu officiellement son commandement; il lui tardait d'ailleurs de voir Pie IX, pour la cause duquel il venait d'accomplir tant de sacrifices. Dans la nuit du 1er au 2 avril, il arrivait à Rome, et écrivait au Pape pour se mettre à ses ordres, sous la seule réserve de ne jamais porter les armes contre la France. Pie IX le reçut avec la joie et l'orgueil d'un père qui a mis dans le plus vaillant de ses fils tout l'espoir de sa défense.

A la nouvelle de l'arrivée de La Moricière, l'ambassadeur de France, qui regardait toujours le proscrit de décembre comme l'ennemi juré de l'Empereur, feignit un grand mécontentement, et menaça de faire retirer la garnison : La Moricière aurait dû, à tout le moins, déclarait-il, demander au gouvernement la permission de servir à l'étranger. Mais l'homme qui avait refusé d'embrasser son fils mourant plutôt que de se prêter à une démarche incompatible avec l'honneur, n'était pas d'humeur à solliciter comme une grâce le droit de servir le Pape.

Pie IX intervint lui-même, car il fallait ménager la France, et il fut convenu que le gouvernement pontifical obtiendrait pour le général l'autorisation exigée par les susceptibilités des diplomates. Pendant les négociations, La Moricière avait dit fièrement : « J'ai donné mon épée au Pape, je recommande mon âme à Dieu, mais je ne veux rien tenir de l'Empereur pour conserver mon honneur sauf. »

L'affaire terminée et sa situation personnelle nettement établie, il n'hésita plus à entrer en relations avec le général de Goyon, commandant en chef de la division française qui occupait Rome. Cet officier méritait, d'ailleurs, son estime ; plein d'admiration pour le dévouement de La Moricière, il sut se tenir en dehors des passions politiques, et fit tout ce qui était en son pouvoir pour faciliter sa tâche.

Le 9 avril, La Moricière, régulièrement investi de son commandement, adressa aux troupes un ordre du jour digne des plus beaux siècles de foi :

« — Soldats, disait-il, le pape Pie IX ayant daigné m'appeler pour défendre ses droits méconnus et menacés, je n'ai pas hésité un instant à reprendre mon épée. »

Et, il terminait en disant : « La Révolution, comme autrefois l'islamisme, menace aujourd'hui l'Europe, et aujourd'hui, comme alors, la cause de la papauté est la cause de la civilisation et de la liberté du monde. »

Malgré sa détresse, le Pape avait voulu mettre à la disposition de La Moricière, sur les fonds du trésor pontifical, une somme égale à celle que touchait alors le général de Goyon.

Le défenseur du Saint-Siège accepta, mais à la condition de dépenser la totalité de ce traitement en faveur de ses compagnons d'armes moins fortunés que lui. Aussi, pendant les six mois que dura son commandement actif, tint-il table ouverte, répétant familièrement : « Il faut manger ensemble quand on doit chasser ensemble. » Son désintéressement alla si loin, qu'il négligea de toucher les dernières échéances de sa solde, en sorte qu'en liquidant les comptes de ces six mois au ministère des armes, on trouva une somme au crédit du général.

La Moricière reconnut bientôt que la tâche qu'il assumait demandait autre chose que du courage. Des quelques milliers de jeunes gens rassemblés à la voix du Pape des divers points du monde catholique, il fallait faire une armée régulière et disciplinée.

Le cardinal Antonelli concentrait à cette époque entre ses mains presque tous les services de l'État pontifical. La Moricière s'aperçut vite qu'il ne pouvait guère compter sur lui. Ses aptitudes en faisaient un ministre précieux en temps de paix plutôt qu'en temps de guerre. Ses services diplomatiques étaient considérables. Il avait accompagné le pape à Gaëte avec un dévouement au-dessus de tout éloge, et, depuis dix ans, il avait mis un art infini à faire prendre en considération les intérêts du Saint-Siège par les diverses cours de l'Europe; mais, en recourant aux armes pour défendre sa souveraineté, Pie IX avait besoin d'un autre ministre. Le secrétaire d'État ne croyait qu'à demi au succès d'une tentative de résistance armée, et il en voyait, mieux qu'un autre, les inconvénients.

Pour mettre l'État pontifical sur le pied de guerre défensive, il fallait déraciner une foule d'abus, supprimer des monopoles, faire cesser beaucoup de gains illicites, et surtout secouer l'apathie et la routine dans toutes les administrations qui se rattachaient au service de l'armée. Antonelli ne pouvait renoncer à ses habitudes de temporisation pour imposer brusquement des réformes impopulaires. Mais ce qui l'aurait embarrassé, un étranger pouvait le tenter. Le Pape le comprit ; il manifesta sa volonté, et le cardinal, qui savait obéir, consentit, sur la demande de La Moricière, à ce que le ministère des armes, entièrement détaché de la secrétairerie d'État, fût confié à Mgr de Mérode, l'*alter ego* du général.

Aussitôt on se mit à l'œuvre : « Le gouvernement pontifical, dit M. Keller, n'avait que onze bataillons de six cents hommes, armés de vieux fusils, mal vêtus, couchés sur la paille, démoralisés par l'évacuation des Romagnes. Les désertions avaient réduit la cavalerie à un simple peloton de dragons ; l'artillerie n'existait que de nom, consistant en un ramassis de canons de toutes sortes, en grande partie hors de service. Enfin, il n'y avait ni ambulances, ni train d'équipages, ni matériel de campement. »

En présence de cette détresse, La Moricière n'avait pour ressources que son courage, son expérience militaire, son dévouement envers le Saint-Siège, et le concours actif, zélé, intelligent, du ministre des armes.

Ce qu'ils firent en quatre mois est incroyable. Il fallait tout d'abord établir des cadres pour la petite armée en voie de formation, y faire entrer les jeunes recrues si diverses d'origine, de tempérament et d'aptitudes.

Là commencèrent les vraies difficultés. Autrichiens, Suisses, Irlandais, Français et Belges offraient à l'envi leurs services ; mais ils formaient une masse confuse et hétérogène dont on ne pouvait tirer parti avant de lui imposer une discipline uniforme.

Les Autrichiens étaient les plus nombreux : on en comptait environ cinq mille ; mais leurs officiers présentaient peu de garanties. Ils avaient été nommés à Vienne, en suivant cette règle, que l'épaulette serait accordée à quiconque amènerait avec lui quarante hommes.

Les Suisses formaient depuis longtemps la garde personnelle

du Pape. Leurs bataillons offraient une certaine solidité, mais les rivalités des cantons produisaient des divisions regrettables, et la propagande des idées révolutionnaires commençait à les entamer.

Les Irlandais, pleins de foi, robustes, braves, inaccessibles à la trahison, ne voulaient que des officiers de leur pays.

Les Français et les Belges avaient aussi envoyé de vaillantes recrues : la noblesse des deux pays y était représentée par les plus beaux noms ; mais les uns étaient en querelles perpétuelles avec les officiers français de l'armée d'occupation ; les autres, comme Cathelineau, s'entretenant à leurs frais, voulaient le choix de leurs officiers, avec un drapeau spécial et une croix sur leurs vêtements.

De concert avec Mgr de Mérode, La Moricière coupa court à ces prétentions qui auraient entravé indéfiniment l'organisation de sa petite armée. Il interdit le drapeau spécial et la croix sur les vêtements, et assujettit à une loi commune toutes ces têtes ardentes dont l'expérience était loin d'égaler le courage. Toutefois, il donna à un groupe de jeunes gens riches, qui offraient de s'équiper, de se monter et de s'entretenir à leurs frais, l'autorisation de former un corps de cavalerie légère portant le nom de *guides;* mais, à peine furent-ils organisés sous les ordres du comte de Bourbon-Chalus, que, pour éviter les inconvénients de l'oisiveté, il les envoya parcourir les provinces, dans le but de signaler les mouvements de troupes du côté des frontières et de réprimer le brigandage.

Par un souvenir de ses guerres d'Afrique, La Moricière avait voulu qu'il y eût dans son armée des Zouaves, et l'on peut dire que ce nom illustre ne perdit rien alors de sa gloire d'autrefois.

L'infanterie et la cavalerie existaient désormais ailleurs que sur le papier. Restait à créer l'artillerie. Il est difficile de se représenter l'état dans lequel La Moricière et Mgr de Mérode avaient trouvé ce service.

Les magasins de l'artillerie étaient situés sous les fenêtres du Vatican, derrière le musée du Belvédère. Ils étaient encombrés de matériaux informes, occupés par des carrossiers ou par des artistes ; on y aurait difficilement reconnu la fonderie célèbre où avaient été coulées jadis les plus belles pièces de canon de l'Europe, les plus belles cloches des églises d'Italie, et, par un jeu singulier de la destinée, les plaques de la colonne Vendôme.

« Pour faire place aux nouvelles industries qui avaient peu à peu envahi ce local, ce qui restait de l'ancien matériel, pièces surannées, affûts et caissons hors de service, avaient été descendus dans les caves. On les en tira à grand' peine pour en passer la triste revue sur la pelouse du Belvédère. Il y avait de quoi décourager le militaire le plus résolu. Mais ce sentiment n'avait jamais trouvé place dans le cœur de La Moricière. En un clin d'œil, tout ce qui occupait ce vaste local, hommes et choses, dut en déguerpir. Les toitures furent mises en état, les cloisons renversées, de nouvelles forges établies avec toutes les machines à travailler le fer, des ateliers organisés pour les armuriers, les charrons, les charpentiers, les tourneurs en bois et les tonneliers. Les ouvriers furent pris autant que possible dans l'artillerie, où ils formaient une section spéciale. Tout s'improvisa, personnel, matériel, tables de construction, et, un mois après, cet établissement rendait d'utiles services [1]. »

La Moricière confia le commandement en chef de l'artillerie pontificale à un homme aussi dévoué qu'habile, le capitaine Blumenstihl. Commandant de l'artillerie française au fort Saint-

1. Mgr Besson, *Mgr Xavier de Mérode, sa vie et ses œuvres*, p. 152.

Ange, il avait consenti à donner sa démission et à renoncer à ses droits acquis dans son pays pour servir la cause de Pie IX. Il avait fait la campagne de Crimée, et passé successivement du service des pontonniers au service des régiments montés, des arsenaux et des parcs. C'était l'homme qu'il fallait au général. On mit, en effet, dès les premiers jours, son concours à profit pour effectuer les réformes que nous venons d'énumérer. Pendant ce temps-là, Mgr de Mérode organisait le matériel des campements et des ambulances.

Après avoir recruté, organisé, équipé de pied en cap cette armée véritablement improvisée, il fallait la nourrir. La Moricière comprenait l'importance d'une alimentation sérieuse et abondante pour des jeunes gens exposés aux plus rudes fatigues ; aussi voulait-il que le pain de munition fût excellent. Il reprit à Rome l'habitude qu'il avait contractée pendant ses années d'Afrique d'en faire servir tous les jours à sa table.

Bien que la qualité ne fût pas absolument inférieure, il soupçonna un jour des mélanges frauduleux. Aussitôt, il fait analyser l'échantillon qu'il a sous les yeux, et l'on reconnait, mélangée avec la farine, une notable proportion de terre et de pierre en poudre. La Moricière n'hésite pas : il demande la révocation immédiate du fournisseur. La chose n'était pas aussi facile qu'il l'avait cru d'abord : il s'agissait d'un très gros personnage qui, pour augmenter ses bénéfices, pressurait les boulangers, de manière à les obliger à la fraude.

Mgr de Mérode hésitait devant une pareille exécution. Le général fut inflexible, et, comme le ministre des armes ne promettait pas assez tôt de faire droit à sa réclamation, il offrit sa démission. Il n'en fallait pas tant pour ébranler Mgr de Mérode. Le fournisseur fut renvoyé, et le pain fut désormais de première qualité.

La Moricière se trouvait à Lorette lorsque le premier échantillon du nouveau fournisseur lui fut présenté. Il en félicita son ami, lui demandant comment il se faisait qu'il eût trouvé là du pain comme on en aurait dû trouver partout. « Il ne pouvait s'en rendre compte qu'en l'attribuant à l'influence de la statue de Sixte-Quint, qui était debout au milieu de la place de cette ville, et dont la seule présence, par la puissance du souvenir, inspirait aux mitrons du pays la salutaire peur de la potence que ce grand pape savait employer si à propos. »

Une sévérité aussi inexorable jointe à l'activité sans trêve du général, devait promptement renouveler la face des choses : au bout de deux mois, tous les fournisseurs malhonnêtes étaient écartés, et à la fin de mai, Pie IX avait dix-huit mille hommes sur pied, bien armés, bien équipés, heureux de servir sa cause et prêts à verser leur sang pour la défendre. Avant de raconter les opérations de cette petite armée, nous allons faire connaître en quelques mots les officiers et les soldats qui se signalèrent par leur courage dans la lutte suprême.

CHAPITRE XIII.

Les volontaires de l'armée pontificale. — Leurs principaux chefs. — Le marquis Georges de Pimodan. — Ses sentiments chrétiens et sa mort héroïque. — Quelques autres officiers et soldats. — Principaux membres de l'état-major de La Moricière. — On commence les travaux de défense. — La place d'Ancône est mise en état de soutenir un siège. — La Moricière visite les autres places et affermit le bon esprit des populations. — Première tentative des révolutionnaires pour entraver ces préparatifs. — Combat des Grottes. — Entente secrète du roi de Piémont avec Napoléon III. — Sommation faite à La Moricière de ne pas empêcher les mouvements révolutionnaires dans les villes pontificales. — Il refuse. — Sommation adressée au Pape de licencier son armée. — Invasion des États de l'Église.

ES doutes ont plané sur le désintéressement et la pureté d'intention des volontaires de l'armée pontificale. Les généraux piémontais Cialdini et Fanti, dignes lieutenants d'un roi parjure, ont affecté de ne voir en eux qu' « un ramassis de gens de tous pays, une bande d'étrangers, que la soif de l'or et le désir du pillage animaient », ou encore « des bandes étrangères, sans patrie et sans toit qui ont planté sur le sol de l'Ombrie et des Marches le drapeau menteur d'une religion qu'elles bafouent ». Ces accusations sont simplement odieuses. Pour en dévoiler toute l'injustice, il suffira de citer quelques passages des lettres écrites par ces héroïques jeunes gens au moment du départ.

— « Je n'ai pas d'argent à donner au Saint-Père, disait en partant un volontaire de Nantes ; mais, à défaut d'argent, je puis lui donner mon sang, et je le lui offre de tout mon cœur. » — « Je vous avoue franchement, écrivait un autre, que ce n'est pas à une décoration de Pie IX que tend mon ambition ; j'ai d'autres vues plus élevées ; c'est la palme du martyre qui me rendrait bien glorieux. Enfin, quel que soit le sort que

Dieu me réserve, priez et soyez joyeux : j'obéis à une inspiration d'en haut. »

— « Je pars, disait un troisième, je pars pour Rome avec le second de mes fils, sous-officier exonéré d'un régiment de chasseurs, et quelques nouveaux volontaires bretons. Nous allons offrir notre dévouement à la plus sainte et à la plus désespérée de toutes les causes ! Mais Dieu est avec nous ! On peut abandonner sans crainte ses intérêts en ce monde, pour suivre la mauvaise fortune de celui à qui ont été confiées les promesses immortelles. »

Tels étaient les sentiments de ces soldats chrétiens. Ils avaient entendu leur père, leur mère, leur pasteur, les amis et les ennemis de cette cause sacrée faire le récit des attentats dont le Saint Siège était frappé, et sans calculs d'intérêt comme sans arrière-pensée d'amour-propre, ils se dévouaient corps et âme à cette grande infortune.

Voici maintenant ce que pensaient et ce que sentaient leurs mères : — « Va, mon fils, disait l'une d'elles à son fils unique, qui lui demandait de le laisser partir, va et que Dieu soit béni, car il y a plus d'un mois que je le prie de t'envoyer cette inspiration! »

Et une autre, répondant aux objections d'un ami qui lui montrait en perspective la mort de son fils, prononçait cette parole sublime : « Il n'est pas nécessaire que mon fils vive, il est nécessaire que le Saint-Siège soit défendu! »

Il y eut aussi des épouses héroïques qui, en présence de leurs petits enfants, eurent le courage de dire à leur mari : « Va, si Dieu te met au cœur ce dévouement ; va, et, s'il le faut, meurs : Dieu nous gardera ! »

Parmi les officiers qui se distinguèrent par la générosité calme et sublime de leur résolution, il faut placer au premier rang le marquis Georges de Pimodan. Riche propriétaire du château d'Echenay, au diocèse de Langres, ancien lieutenant-colonel au service de l'Autriche, dont il avait raconté heureusement les dernières campagnes, il s'était arraché à la tendresse de sa noble épouse et aux caresses de ses enfants, et s'était rendu à Rome, prêt à donner sa vie pour la défense du Pape.

Dieu accepta pleinement son sacrifice. Nommé général par La Moricière, qui avait deviné en lui un cœur intrépide guidé par une intelligence d'élite, il était en prières, à quatre heures du matin, dans le sanctuaire de Lorette, le jour de la bataille de Castelfidardo.

Le front prosterné sur le pavé de l'église, après avoir reçu le corps du Sauveur, il pria et médita longtemps, il donna un souvenir, un long et dernier souvenir, à sa femme et à ses enfants, puis il se releva, calme et confiant. Quelques heures plus tard, il s'élançait sur les Piémontais à la tête de sa colonne, se battait comme un lion, électrisait ses soldats et étonnait ses ennemis par sa bravoure.

Tant qu'il fut debout, ils tinrent bon, malgré l'infériorité du nombre, mais quand il tomba, la dernière espérance de succès tomba avec lui. Atteint presque simultanément de trois blessures, il s'écria : « Courage, mes enfants, Dieu est avec nous! »

Il s'affaissa sur lui-même, et on le transporta dans une cabane voisine, où il reçut les premiers soins. Au milieu de ses souffrances, l'héroïque soldat s'oubliait lui-même, et, dans son agonie, il ne pensait qu'au succès de la cause pour laquelle il achevait de donner sa vie : « Mes amis, disait-il à ceux qui s'empressaient autour de lui, laissez-moi mourir ici, et retournez à votre poste pour faire votre devoir. »

Le général de La Moricière, le sachant mortellement blessé, alla lui serrer une dernière fois la main, et échangea avec lui de tristes adieux avant de se frayer un passage vers Ancône. Peut-être en ce moment envia-t-il son sort, car il est des heures terribles où les amertumes de la vie surpassent les angoisses de la mort ! Georges de Pimodan expira la nuit suivante, et Pie IX honora de ses larmes ses funérailles et son tombeau.

Ce fut la plus illustre victime du guet-apens dressé par les Piémontais ; mais à côté de ce nom glorieux, que de noms plus obscurs illustrés en un seul jour par la sainteté de la cause pour laquelle ils succombent !

Ici, c'est un gentilhomme normand, M. de Clook, engagé volontaire dans un régiment français où il était sous-officier, qui se fait exonérer pour aller s'engager dans l'armée pontificale.

Là, c'est un pauvre enfant du peuple, Rogatien Picou, qui, à la nouvelle de l'invasion des États de l'Église, s'écrie : « A Dieu et à son vicaire je n'ai à offrir ni fortune, ni naissance, ni talent, ni influence quelconque; je n'ai que mon sang, et je le donne. »

C'est encore un rejeton d'une noble famille, M. de Parceveaux, qui, blessé à Castelfidardo et transporté à l'hôpital d'Osimo, exprime ainsi ses sentiments en présence de la mort : « Je ne veux plus vivre ; les conditions dans lesquelles je me trouve pour paraître devant Dieu sont si belles, que je craindrais, après ma guérison, de ne plus me trouver aussi bien disposé. »

Avec de pareils soldats, La Moricière pouvait tenter un coup d'audace ; aussi répétait-il en toute occasion : « Mon armée n'est pas nombreuse, mais elle est bonne; je réponds de tout tant que je n'aurai affaire qu'aux révolutionnaires des États romains ou à Garibaldi et à ses bandes. Si le Piémont s'en mêle, je ne réponds plus de rien : je n'ai pas la prétention de venir à bout, avec quelques milliers d'hommes, d'une grande armée régulière appuyée sur une nombreuse artillerie. »

Les révolutionnaires devinaient sans doute la solidité de cette petite armée, car Garibaldi ne vint pas se mesurer avec

Le Général de Charette.

elle, et lorsque le roi de Piémont se décida à l'attaquer en face, il se mit à la tête de 60,000 hommes !

Parmi les hommes dévoués dont se composait l'armée pontificale, un certain nombre se distinguaient par une instruction supérieure et des talents militaires déjà éprouvés. La Moricière les prit pour constituer son état-major. Celui qu'il choisit pour en être le chef méritait à tous égards cette marque de confiance : c'était le marquis de Pimodan.

Il lui adjoignit MM. de Chevigné, officier du duc de Modène, de Lorgeril, qui avait fait ses preuves dans l'armée d'Afrique, de Quatrebarbes, gentilhomme vendéen, ancien soldat d'Afrique et député en 1848, qui accourut à Ancône se mettre sous les ordres du général ; de Bourbon-Chalus, commandant des guides pontificaux, que son dévouement à la cause de l'Église enflammait d'un rare courage, et rendait capable du martyre.

Nommons encore M. de Mortillet, capitaine au 1er régiment étranger, que La Moricière associa à toutes ses pensées dans la bonne comme dans la mauvaise fortune, et auquel il fit partager l'héroïsme et les dangers de son entreprise ; le baron de Charette, dont le nom si populaire en Vendée allait se couvrir d'une nouvelle gloire, d'abord au service de Pie IX, puis au service de la France ; enfin d'Albiousse, qui, entré sergent-major dans l'armée pontificale, sortit de Rome avec les épaulettes de colonel.

Les troupes organisées aussi solidement qu'elles pouvaient l'être, La Moricière les employa immédiatement à préparer la défense du territoire pontifical. La première brigade, commandée par le général Schmid, eut son quartier général à Foligno; la seconde, sous les ordres de Pimodan, fut postée à Terni ; la troisième, commandée par le général de Courten, dut résider à Macerata, et la quatrième, qui restait sous les ordres du général en chef, secondé par le colonel Cropt, eut son quartier général à Spolète.

La Moricière visita ensuite les diverses places fortes de l'État pontifical. Il voulait s'assurer par lui-même de leurs moyens de défense et surtout de l'esprit qui animait les populations. Il trouva Pérouse travaillée par l'esprit révolutionnaire,

Gubbio fidèle au Pape, Fano bien défendu par sa petite garnison.

C'est dans cette dernière ville qu'on lui remit une dépêche effrayante pour un courage moins intrépide que le sien. M. de Courcy, consul de France à Ancône, lui annonçait que, d'après des renseignements venus de Florence, il avait été condamné à mort par la junte révolutionnaire. Cet avis ne le déconcerta pas :

« — Remerciez, dit-il, M. de Gramont (l'ambassadeur de France), de l'avis qu'il a bien voulu me faire parvenir. Avant de partir de France pour accomplir l'œuvre que j'ai entreprise, je regardais comme certain que je serais exposé au danger que vous me faites connaître. Déjà pendant de longues années en Afrique, et à Paris en 1848, j'ai vécu sous le coup de pareilles menaces. J'espère que la protection de Dieu, qui m'a préservé alors, ne me fera pas défaut aujourd'hui, et je m'abandonne à ce que la Providence a décidé de moi. »

Les menaces se multiplièrent; on parlait quelquefois de poignards et de poison. Il ne les craignait pas plus que les balles, et un jour qu'on l'avait averti de se défier d'un aubergiste, il le fit venir et dit au pauvre homme en riant et en lui donnant une poignée de main :

« — Mon ami, on dit que vous allez ce soir nous empoisonner. C'est très bien, mais sachez que je viens d'ajouter pour vous un article dans mon testament, en vertu duquel, dans les vingt-quatre heures après ma mort, vous serez pendu. »

Le diner fut excellent.

La position d'Ancône avait tout d'abord frappé La Moricière. Il s'était dit qu'en y établissant un phare, en agrandissant le port, en réparant les murailles, en donnant surtout aux habitants les moyens de développer leur commerce, on pourrait y tenir longtemps, même contre des forces supérieures. Aussi résolut-il d'en faire la base de toutes ses opérations.

Il fallait tout d'abord la mettre en état de supporter un

siège. En se retirant d'Ancône, les Autrichiens avaient laissé soixante-dix magnifiques pièces de canon et mortiers en bronze, offrant au gouvernement pontifical de les lui céder à vil prix. Une économie mal entendue fit repousser la proposition. Les soixante-dix pièces furent transportées à Trieste, au moment même où Mgr de Mérode prenait possession du ministère des armes. La Moricière et lui en versèrent des larmes de douleur.

Mais si le général n'était pas insensible au regret d'une faute irréparable, il était incapable d'abattement. Ne pouvant pas, du moins pour le moment, envoyer à Ancône le nombre de canons nécessaires pour la défense de la place, il veut du moins faire tomber les griefs de la population contre l'administration pontificale. Il engage des négociations pour la construction d'un chemin de fer, fait étudier l'établissement d'un aqueduc pour amener l'eau dans la ville et d'un moulin à vapeur pour assurer la subsistance des troupes. Les quais sont élargis, le phare achevé, le port agrandi. On se procure l'eau et le pain à bon marché ; le mécontentement de la population fait place à la joie et à la reconnaissance. La renommée de ces merveilleuses transformations s'étend dans tout l'État pontifical ; les honnêtes gens commencent à se rassurer, les timides se rapprochent, les révolutionnaires se cachent ; on sent partout l'espoir d'un meilleur avenir.

Cette réorganisation administrative et militaire déjouait les plans des révolutionnaires italiens. Une tactique s'imposait à eux : écraser à tout prix La Moricière sous la supériorité du nombre avant qu'il eût terminé ses préparatifs. Déjà ils avaient tenté de troubler son œuvre en lançant quelques bandes dans la province de Viterbe. Mais Pimodan, à la tête des gendarmes pontificaux au nombre de soixante, culbuta les quatre cents hommes de Zanbianchi, qui, après une courte résistance, prirent honteusement la fuite. Cette brillante affaire, qui prit le nom de combat des Grottes, inspira à Garibaldi et autres chefs de bande une telle terreur, qu'ils renoncèrent désormais à toute tentative, jusqu'à ce qu'ils eussent l'assurance d'être appuyés par une grande puissance.

Ils pouvaient compter sur le Piémont, ou plutôt ils n'étaient que les auxiliaires dévoués de Victor-Emmanuel pour l'œuvre de spoliation. Il fut décidé que, sans perdre de temps, le Piémont s'assurerait la complicité silencieuse de la France, induirait La Moricière en erreur par la diplomatie, l'attaquerait à l'improviste et l'écraserait pour toujours dans un guet-apens.

Napoléon III se prêta à tout. Le 4 août 1860, le général Cialdini vint en secret le trouver à Chambéry, et lui demanda l'autorisation d'envahir les États du Pape. La réponse est historique : « Faites-le, mais faites-le vite. » C'était le désintéressement de Pilate en présence du Juste condamné.

Quelques jours après, les colonnes piémontaises se massaient aux frontières des Marches et de l'Ombrie, sous prétexte de s'opposer à l'entrée des bandes révolutionnaires, en réalité pour les soutenir dans leur entreprise, et Garibaldi débarquait du côté des Calabres.

La Moricière comprit tout d'abord la gravité du péril, malgré les assurances de Mgr de Mérode, qui, trompé par les dépêches diplomatiques, ne pouvait croire à tant de perfidie. Il était préparé depuis longtemps à toutes les conséquences d'une lutte formidable, mais il se préoccupait de l'âme de ses compagnons d'armes :

— « Mon ami Mortillet, disait-il un jour en se mettant à table, il faudra mettre ordre à notre conscience. Vous savez que je ne vous ai pas tourmenté là-dessus, mais c'est le moment de faire son sac, et cela ne nous empêchera pas de boire aujourd'hui un verre de bordeaux. »

Les événements se précipitaient. Le 8 septembre, le général Fanti fit déclarer par un aide-de-camp à La Moricière que les troupes piémontaises s'empareraient immédiatement des Marches et de l'Ombrie si les troupes pontificales continuaient de s'opposer aux manifestations de la volonté nationale.

Or, ces manifestations n'étaient autre chose que l'accueil sympathique fait aux bandes révolutionnaires par certaines populations égarées. C'était proposer à La Moricière la honte et le déshonneur, car il ne pouvait évacuer sans combat les provinces qu'il avait mission de défendre : il refusa noblement une telle proposition.

« La lettre du général Fanti, écrivait-il, n'a pas besoin de commentaires. C'est la fable du loup et de l'agneau en action. C'est donc la guerre, à moins que l'Europe n'intervienne. Ce document vaut son pesant d'or, et fera la joie des journaux français quand il sera publié. Il montre à quels moyens on a dû recourir et à quels arguments on est réduit pour violer nos frontières. »

Cependant le ministre des armes continuait à rassurer le général en se rassurant lui-même. On faisait circuler une dépêche que l'empereur Napoléon III avait dû adresser au roi de Piémont pour lui déclarer que « s'il attaquait les États du Pape, la France s'y opposerait *par la force.* » C'est en ces termes que Mgr de Mérode transmettait la fameuse dépêche, parce que son honnêteté l'avait ainsi interprétée ; mais le véritable texte différait un peu de cette version. M. de Quatrebarbes l'a fidèlement rapporté dans ses *Souvenirs d'Ancône.* Le voici : la dépêche était adressée au vice-consul de France à Ancône.

« L'empereur a écrit de Marseille au roi de Sardaigne que si les troupes piémontaises pénètrent sur le territoire pontifical, il sera forcé de s'y opposer. Des ordres sont déjà donnés pour embarquer des troupes à Toulon, et ces renforts doivent arriver sans retard. Le gouvernement de l'empereur ne tolérera pas la coupable agression du gouvernement sarde. Comme vice-consul de France, vous devez régler votre conduite en conséquence. »

Lorsque MM. Thouvenel et Billault, signataires de cette dépêche, apprirent à Paris l'invasion des États pontificaux, l'empereur était à Marseille, sur le point de s'embarquer pour l'Algérie. Il n'avait laissé aucune instruction à son départ, et les deux ministres, pris au dépourvu, ne purent que demander par le télégraphe ce qu'il fallait faire. Aucune réponse ne leur fut donnée. L'empereur était embarqué, et ne devait revenir qu'au bout de douze jours. C'est alors que, pour rassurer leur conscience catholique et dans l'incertitude de l'avenir, ils confièrent au télégraphe la dépêche que nous venons de rapporter. On comprend, dès lors, l'illusion de Mgr de Mérode. Qui eût pu soupçonner que la France comptait s'opposer aux attaques du Piémont seulement par la diplomatie, et que tout se réduirait, pour punir Victor-Emmanuel, à retirer momentanément de Turin l'ambassadeur français ?

La Moricière, nous l'avons vu, était sur ses gardes, mais en présence de telles assurances, il se laissa un moment tromper, comme Mérode : « Je laisse l'Ombrie à défendre à la France », disait-il, et, concentrant ses troupes entre Ancône et Lorette, il s'apprêtait à soutenir seulement l'effort des garibaldiens.

Bientôt l'erreur ne fut plus possible. Une note menaçante et injurieuse est envoyée de Turin : on veut que le Pape licencie ses « mercenaires », et avant que la réponse soit arrivée de Rome, les Marches sont envahies, toutes les forces de la Sardaigne sont réunies, et tombent à l'improviste sur le domaine de l'Église.

Quelques mois encore, et La Moricière pouvait lutter avec succès, même contre des forces supérieures. Ainsi trompé et abandonné, il ne lui restait qu'à succomber avec gloire.

CHAPITRE XIV.

Préparatifs de combat. — Sentiments chrétiens des volontaires de l'armée pontificale. — La troupe de La Moricière est « trahie et assassinée ». — Extrait du rapport rédigé par le général sur la journée de Castelfidardo. — Belle conduite des volontaires français. — La capitulation. — Émotion produite en France par la nouvelle de ce désastre. — Discours prononcés par Mgr Pie. — La Moricière s'enferme dans Ancône avec le reste de ses troupes. — La ville est assiégée et bombardée pendant dix jours. — Indifférence des États de l'Europe. — Les volontaires pontificaux sont forcés de se rendre. — La Moricière, transporté à Gênes, obtient de revenir à Rome. — Il refuse le ministère des armes et le titre de Comte romain. — Son départ de Rome.

LA MORICIÈRE ne pouvait se faire à l'idée d'une défection de la part de la France. De plus, il comptait toujours, et très particulièrement, sur l'Autriche, qui avait annoncé l'envoi d'une flotte à Ancône.

Cependant aucun secours n'arrivait, et la situation devenait des plus critiques. La forteresse de Pescaro n'avait résisté que vingt-quatre heures ; le général Schmid avait rendu Pérouse sans combat ; le colonel Kanzler, qui défendait la route de Sinigaglia, avait été coupé et n'avait pu qu'à grand' peine se replier sur Ancône ; enfin, deux divisions piémontaises étaient venues s'établir en face de Lorette, sur les hauteurs de Castelfidardo, pendant que les vaisseaux de Victor-Emmanuel commençaient, dès le jour même, le bombardement d'Ancône. Tout cela s'était fait sans déclaration de guerre. La réponse à cette provocation sans exemple, à cette odieuse violation du droit des gens, ne pouvait se faire attendre. La Moricière partit immédiatement avec le peu de troupes qu'il avait près de lui, et donna l'ordre à la brigade de Pimodan de le rejoindre le plus tôt possible.

Il venait de recevoir de Rome une somme considérable destinée à payer les dépenses des troupes et les approvisionnements d'Ancône. Son premier devoir était de la mettre en sûreté. Arrivé à Recanati, il put la faire parvenir par mer à sa destination.

Dégagé de ce soin, il occupa Lorette le lundi 27 septembre 1860. La colline de Castelfidardo à emporter d'assaut, Ancône à préserver, voilà ce qu'allait tenter La Moricière avec des troupes exténuées par cinq jours de marche. Le matin du 17, le général et ses principaux officiers communièrent à la Santa Casa avant d'affronter les dangers du lendemain. Nous avons vu l'héroïque général de Pimodan se préparer à la mort. Il ne sera pas inutile de rappeler avec quelle simplicité sublime ses vaillants compagnons accomplirent leurs devoirs de chrétiens, à la veille du combat. Nous empruntons ce récit à un saint prêtre qui se trouvait à Lorette la veille et le jour même de l'action :

« La basilique était remplie d'officiers et de soldats qui, sans distinction de rang, s'agenouillaient devant la table sainte. Je passai toute la journée au milieu d'eux, et je me sentais pénétré de respect et d'admiration en voyant tant de foi unie à tant de valeur. » — « Monsieur l'abbé, disaient les Français, nous sommes heureux de voir s'approcher l'heure du combat. Les plaines et les collines, aux alentours de Lorette, sont couvertes de Piémontais, et nous ne sommes, auprès de cette armée de quarante-cinq mille à soixante mille hommes, qu'une petite poignée de soldats. Nous serons tués peut-être, mais ils ne triompheront pas; notre sang et notre vie ne seront pas inutilement donnés, et Dieu nous récompensera dans nos familles et dans notre patrie. »

« Plusieurs m'ayant demandé de les entendre, j'obtins la permission de l'évêque de Lorette, et je bénis Dieu de m'avoir donné d'assister, à ce moment suprême, tant de nobles et saints enfants de la France. Le mardi, dès l'aube du jour, ce furent des scènes dignes des plus curieuses époques des croisades : comme prêtre et comme Français, j'éprouvais d'indicibles consolations. A quatre heures, de La Moricière, de Pimodan, tout l'état-major, les guides, les Franco-Belges, les régiments allemands, les étrangers, les artilleurs, les indigènes, reçurent le corps divin du Seigneur dans le très saint Sacrement de l'Eucharistie. Je les vis, la plupart, le front prosterné sur le pavé de cette basilique que tant de fronts ont touché.

« Je remarquai, entre autres, M. de Bourbon-Chalus, qui resta longtemps dans cette posture suppliante. Le recueillement des deux généraux avait quelque chose de si grave, de si solennel, que je n'ai pu maîtriser mon émotion. J'avais vu, d'ailleurs, autour d'eux des visages baignés de larmes. En sortant de l'église, un Suisse me dit : « Voici une lettre pour ma mère. Priez pour nous, monsieur l'abbé ; nous allons verser notre sang pour la sainte Église et pour le Pape. » — J'ai su depuis que ce noble jeune homme a été tué, et j'ai envoyé sa lettre en y joignant quelques lignes pour sa mère. Plusieurs de mes compatriotes me remirent leurs lettres. Sur les remparts, du côté de la plaine, au nord, où l'on apercevait un mouvement de troupes ennemies, semblables à des fourmilières, des Franco-Belges me disent : « Monsieur l'abbé, embrassons-nous et bénissez-nous, car nous ne nous reverrons plus que là-haut. » — Ils disaient vrai.

« Une demi-heure avant le départ, le général nous fit appeler, mon compagnon de voyage et moi : « Vous retournerez à Rome, nous dit-il ; dites à Mgr de Mérode de nous envoyer des vivres à Ancône. Nous espérons y être ce soir. L'ennemi est très nombreux, nous sommes peu de monde, mais nous espérons en la sainte Vierge. » — Il emportait de la Santa Casa le drapeau de Lépante.

« Nous voulûmes voir défiler la petite milice, image sainte et sublime des chrétiens, qui, toujours en minorité, livrent au monde de saints et sublimes combats. La gloire et l'honneur éclairaient les regards de tous ces hommes. Nous nous tenions debout, le chapeau bas. — « Si nous nous mettions à genoux, me dit mon compagnon, ce sont des martyrs ! » Nous échangeâmes un regard et un serrement de main. Notre *vetturino* s'impatientait ; nous quittâmes Lorette, priant Dieu et sa sainte Mère d'assister leurs défenseurs. A trois kilomètres de la ville, nous entendîmes commencer la fusillade, puis le bruit du canon. Ah ! que les premiers coups nous allèrent au cœur ! »

Ces coups de canon devaient, en effet, retentir douloureusement dans le cœur de tous les catholiques et de tous les honnêtes gens, car ils signalaient le massacre de l'armée pontificale, le triomphe de la force brutale sur le plus saint des droits.

Après avoir tout ordonné, tout inspecté par lui-même, et marqué l'emplacement de chaque bataillon, La Moricière redevint, malgré son âge, l'impétueux guerrier d'Afrique.

Sous le feu des canons piémontais, au plus fort de la mêlée sanglante, il gravit au galop la fameuse colline, pénétra jusqu'au hameau où l'intrépide Pimodan venait de recevoir sa première blessure et lui tendit la main, puis, toujours comme en Afrique, il poussa son cheval seul, à cent pas au delà des lignes, en face de l'ennemi, pour juger de la situation.

Il ne compta pas les soldats ennemis, mais il vit l'immense disproportion de sa petite armée avec leurs masses profondes, et néanmoins il n'eut pas la pensée de reculer. « Si je l'avais fait, dit-il, mes anciens camarades m'auraient renié, j'ose dire qu'ils ne m'auraient pas reconnu. »

Il rejoignit donc le reste de l'armée, essaya encore d'entraîner au secours de l'héroïque bataillon des Zouaves les compagnies qui n'avaient pas donné, puis, quand tout fut fini, et que cette poignée de braves se fut fait écraser, il fit tout seul ce qu'il avait médité de faire avec son armée.

Il voulait mener son armée à Ancône; il n'a plus d'armée, mais il n'abandonnera pas une ville assiégée où sa présence est nécessaire. Deux régiments ennemis lui barrent la route jusqu'à la mer; il passe à travers mille obstacles, avec quelques compagnons, malgré les deux régiments.

Avant de raconter les opérations du siège d'Ancône, il nous faut revenir plus au long sur les détails de cette journée de Castelfidardo, qui, malgré son issue fatale, est une des journées glorieuses du général. Nous lui laisserons la parole à lui-même : il a signalé les diverses péripéties de ce drame

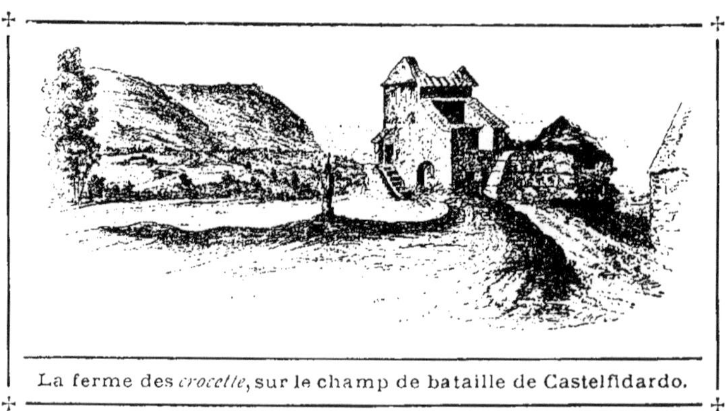

La ferme des *crocette*, sur le champ de bataille de Castelfidardo.

sanglant, avec autant d'exactitude que de modestie, dans un rapport adressé à Mgr de Mérode.

« D'abord, dit-il, Pimodan avait lancé et conduit en personne, avec son intrépidité bien connue, les carabiniers et les Franco-Belges. La première ferme, quoique chaudement défendue, avait été enlevée ; on y fit une centaine de prisonniers, parmi lesquels un officier ; deux pièces furent bientôt amenées au bas de la pente pour protéger contre un retour offensif probable la position que nous avions conquise, et deux obusiers, aux ordres du lieutenant Daudier, furent conduits, sous un feu des plus vifs, jusqu'en avant de la maison, avec le secours des Irlandais. Ces braves soldats, après avoir accompli

Bataille de Castelfidardo.

la mission qu'ils avaient reçue, se réunirent aux tirailleurs, et, pendant le reste du combat, se distinguèrent au milieu d'eux.

« Les quatre autres pièces de la batterie Richter arrivèrent peu après à hauteur de la position que nous avions prise. Cette artillerie fut très habilement conduite par le colonel Blumenstihl et fit beaucoup de mal à l'ennemi. Le capitaine Richter, quoique ayant une cuisse traversée par une balle, restait au milieu du feu ; le lieutenant Daudier, placé à découvert avec ses obusiers, suppléait par son courage et sa parfaite connaissance du métier à l'infériorité de notre artillerie par rapport à celle de l'ennemi. Les deux derniers bataillons du général de Pimodan avaient passé la rivière et avaient été laissés en réserve à 1500 mètres en arrière, cachés par un rideau d'arbres.

« Le moment était venu d'attaquer la seconde ferme. Le général de Pimodan forme une petite colonne sous les ordres du commandant de Becdelièvre, composée des Franco-Belges, d'un détachement de carabiniers et du 1er de chasseurs.

« Cette colonne débouche résolûment, malgré un feu des plus vifs de mousqueterie qui partait de la ferme et du bois. Elle devait ainsi parcourir cinq cents mètres à découvert ; mais, arrivée environ à cent cinquante pas du sommet de la colline, elle fut reçue par un feu de deux rangs d'une forte ligne de bataille, qui lui mit une telle quantité d'hommes hors de combat, qu'elle dut se retirer. L'ennemi la poursuivit ; mais au moment où il allait joindre les nôtres, ils firent volte-face, l'attendirent à quinze pas, le reçurent avec un feu bien dirigé et coururent sur lui à la baïonnette. Étonné de tant d'audace et d'aplomb, et quoique bien supérieur en nombre, l'ennemi recula d'environ deux cents pas, ce qui permit à nos soldats de regagner la position de laquelle ils étaient partis. Le feu de notre artillerie, bien nourri et bien dirigé, protégeait ces mouvements.

« De la position où j'étais resté, un peu en arrière, j'avais pu juger les phases de ce combat, et j'apprenais en même temps que le général de Pimodan venait d'être blessé au visage. J'ordonnai aux deux bataillons du 1er étranger, aux ordres du colonel Allet, de franchir la rivière et de s'avancer jusqu'à la hauteur des réserves de la première colonne. Le 2e bataillon du 2e étranger et le bataillon du 2e de ligne reçurent l'ordre de se former en échelons en arrière, sous les ordres du colonel Cropt. Puis je me rendis à la ferme pour juger de l'état des choses.

« Quoique blessé, le général de Pimodan conservait son commandement. L'ennemi avait perdu beaucoup de monde, mais nos pertes étaient considérables, et relativement elles étaient plus sensibles que les siennes. Je reconnus que les deux bataillons et demi que le général avait avec lui, n'étaient pas suffisants pour enlever seuls la seconde position. J'envoyai chercher les deux bataillons de réserve par le capitaine Lorgeril ; je les fis remplacer par les deux bataillons du 1er étranger que je déployai pour donner moins de prise au canon, quoiqu'ils en fussent à environ quinze cents mètres. Enfin j'envoyai, par le capitaine Palfy, l'ordre à la cavalerie de passer la rivière et de suivre sur notre flanc droit la marche de nos colonnes.

« Pendant que je prenais ces dispositions, l'ennemi essaya de déborder la ferme des deux côtés, malgré le feu de notre artillerie, et ses tirailleurs commençaient à prendre en flanc nos réserves massées derrière les bâtiments. Le major Becdelièvre, réunissant ce qui lui restait de son demi-bataillon et quelques détachements des deux autres, s'élança sur les tirailleurs et les força de se replier dans le bois d'où ils étaient sortis.

« Les mouvements prescrits à l'infanterie s'exécutèrent régulièrement ; mais à peine le 1er étranger fut-il déployé, que je m'aperçus de l'ébranlement que produisaient dans ses rangs le bruit des obus et les blessures de deux ou trois hommes atteints par ces projectiles.

« Beaucoup d'officiers de ce régiment, je dois le dire, participaient à cette émotion, plus encore que leurs soldats. En vain je cherchai à les rassurer ; le brave colonel Allet, qui se promenait à cheval derrière la ligne de bataille, ne fut pas plus heureux que moi, de sorte qu'au bout de quelques moments, les deux bataillons sans avoir entendu siffler une balle ni tiré un coup de fusil, firent demi-tour, prirent la fuite et se débandèrent. Mon second échelon de réserve, qui n'avait pas un seul blessé, suivit ce triste exemple. Au moment où j'étais témoin de cette panique, le 2e bersagliers pontificaux et le 2e bataillon de chasseurs rejoignaient en colonne la première ferme, où était resté le général de Pimodan. Le 2e de chasseurs, voyant les Suisses disparus, prit la fuite et redescendit au pas de course, la pente qu'il venait de gravir. Je dois dire à l'éloge du 2e bataillon de bersagliers pontificaux, commandé par le brave major Fuchman, qu'au milieu de cet immense désordre, il est resté ferme à son poste, et qu'il défendit, avec la plus grande énergie, la position qui lui fut assignée.

« Notre artillerie, dont six pièces seulement étaient en batterie, restait engagée sur la chaussée, dont elle débouchait péniblement à cause des douves qui la bordaient.

« La panique se communiqua à une partie des canonniers ; les uns voulaient faire demi-tour avec leurs pièces et fuir, ce qui était impossible à cause du peu de largeur de la chaussée ; d'autres coupèrent les traits de leurs chevaux et se sauvèrent à travers champs. J'essayai vainement de rallier quelque portion de l'infanterie étrangère derrière les digues et autour des maisons, où l'on pouvait tenir à l'abri de l'artillerie ; tout fut inutile. Le colonel Cropt et le colonel Allet, qui se tenaient à cheval au milieu des fuyards, n'avaient pas la moindre action sur eux, et les officiers mêmes semblaient frappés de stupeur.

« Je prescrivis alors aux deux colonels d'engager les fuyards derrière les berges et les digues du Musone, où ils se trouveraient abrités des coups de l'ennemi, et de les emmener ainsi jusqu'au confluent de l'Aspio, de leur faire passer le gué et de les diriger sur la route d'Umana ; puis je revins vers la maison, où le combat continuait de plus en plus vivement.

« J'étais sur le point d'y arriver lorsque je trouvai le brave général de Pimodan mortellement frappé, et qu'on transportait vers l'ambulance établie près de la rivière. J'échangeai avec lui quelques tristes paroles d'adieu. Ce dernier malheur, bien plus grand que les autres, aggravait encore notre situation déjà fort compromise. »

Ainsi aucune épreuve ne devait manquer au noble soldat qui avait sacrifié sa gloire africaine pour la cause de Pie IX, pas même l'humiliation de voir ses soldats tourner le dos à l'ennemi.

Il est vrai que ces fuyards faisaient partie des bataillons étrangers : sur 400 Français qui avaient pris part à l'action, 120 seulement rentrèrent à Lorette ; le reste était couché sur le champ de bataille; ceux-là avaient succombé sous le nombre, mais ils s'étaient, du moins, montrés dignes de leur chef ; et c'est en pensant à eux que La Moricière disait quelques jours après : « Mon armée n'a pas été vaincue, elle a été assassinée. »

D'ailleurs, bien des trépas glorieux l'avaient consolé de ces tristes défections. Outre le général de Pimodan, il avait vu tomber le comte de Chalus, qui, en face de la mort, répétait avec la confiance qui convient aux héros : « J'ai offensé Dieu, mais j'ai versé mon sang pour sa gloire : Dieu me fera miséricorde. »

A côté de cet officier familiarisé déjà avec les périls de la guerre, de tout jeunes gens avaient vendu chèrement leur vie: c'est Alfred de Nanteuil, qui embourbé dans un marais, n'avait rendu les armes que cloué à terre par quatre balles et deux coups de baïonnette ; c'est Georges d'Heliand, qui tombait à dix-huit ans, Beccary à dix-sept, Manoir à dix-neuf. Ils expiraient les yeux tournés vers l'église de Lorette, cette maison voyageuse de la Sainte Famille, où avait pris naissance l'Auteur et le Restaurateur de toute vie.

Spes mea Deus : mon espoir, c'est Dieu ! Cette devise de leur général en chef fut, sinon leur dernier cri, du moins l'expression de leur dernière pensée.

L'histoire de ces morts glorieux commença la légende héroïque des Zouaves. Ils étaient trois cents, et trois mois leur avaient suffi pour apprendre leur métier. Le soir de Castelfidardo, il ne restait plus de ce régiment que cent-six hommes, avec Becdelièvre et Charette.

Becdelièvre avait dit le matin, en les entraînant à confesse : « Présentons-nous devant Dieu l'âme blanche », et Charette s'écriait, en s'élançant au combat : « Le ciel est ouvert pour beaucoup d'entre nous. » De telles paroles, rapportées à Pie IX, adoucissaient singulièrement les amertumes de la défaite, et quant à La Moricière, elles lui prouvaient qu'il y avait encore en France des cœurs capables de comprendre le sien.

Quel fut le dénouement de ce drame funèbre ? Rentrés dans Lorette, les rares survivants échappés au massacre se trouvèrent dans une position presque aussi cruelle que celle du champ de bataille. Une petite troupe de 120 Français, et de 200 Autrichiens se trouvait isolée au milieu d'une ville ennemie, entourée d'une armée de 50,000 Piémontais pourvue d'une artillerie formidable. Dans ces circonstances, on envoya des parlementaires au général Cialdini, qui exigea une capitulation.

En présence de cette extrémité, quelques officiers se résolurent d'abord à continuer la résistance ; ils voulaient s'enfermer dans une maison et la défendre jusqu'à leur dernière cartouche ; mais ils durent céder devant l'attitude de leurs soldats.

De tous côtés, on entendait le cri : « Mort aux Français ! » et la fusillade recommençait déjà. Sur ces entrefaites, les officiers supérieurs qui restaient, parmi lesquels M. de Becdelièvre, tinrent conseil, et dirent à leurs subordonnés : « Messieurs, tous les plus grands noms de France sont restés sur le champ de bataille ; nous qui survivons, n'avons échappé que par miracle ; vous voyez qu'il n'y a plus aucun espoir ; il est donc complètement inutile, puisque nous avons fait nos preuves, de nous faire tuer. Acceptons la capitulation si les conditions qu'on nous fera sont possibles, car nous ne pouvons nous dissimuler que nous sommes à la merci de l'ennemi. »

En conséquence, le colonel Gout-Hoven, qui commandait comme le plus ancien chef de corps, eut une entrevue avec Cialdini. Il fut convenu que les restes des régiments pontificaux sortiraient de la ville avec leurs armes, et que l'armée piémontaise leur rendrait les honneurs militaires.

Quant à la garnison de Lorette, elle devait être désarmée et licenciée ; de plus, les volontaires devaient retourner en France immédiatement. Lorsque les vaincus présentèrent au général piémontais Cugia la liste de leurs compagnons mis hors de combat, cet officier, qui avait apprécié leur courage, et qui savait respecter le malheur, s'écria : « Quels noms ! on dirait une invitation de bal à la cour de Louis XIV ! »

C'était, en effet, la fleur de l'ancienne chevalerie française qui gisait dans ces vallons sanglants. Charette avait reçu deux balles ; de Sabran et de Rohan-Chabot étaient blessés ; de Goësbriant et de Kersabiec, avaient le même sort ; de Cherisey avait disparu ; de Cadoudal avait été tué ; de Puisaye avait été atteint de quatre balles, sans parler de tous ces nobles enfants dont un vaillant chrétien de nos jours a dressé la liste funèbre dans un récit intitulé : *Les Martyrs de Castelfidardo* [1].

A la nouvelle de cet attentat inouï dans l'histoire des nations

1. Le comte Anatole de Ségur.

modernes, l'Europe fut frappée de stupeur. Les monarques, qui avaient tous plus ou moins adopté la politique de Napoléon III à l'égard du Pape, ne firent pas entendre la moindre protestation en faveur du juste opprimé. Il n'y eut qu'une voix, parmi les chefs d'État, à s'élever en faveur du droit des gens méconnu, ce fut celle de Garcia Moreno, l'intrépide président de la République de l'Équateur.

Mais les évêques catholiques ne pouvaient garder le silence en présence d'une telle iniquité.

Mgr Pie, évêque de Poitiers, avait contribué plus que personne à envoyer des soldats au Pape: « La fleur de notre école de droit, disait-il, a été expédiée par moi à l'armée de La Moricière. » Aussi avec quelle indignation il flétrit la complicité du gouvernement français !

On se rappelle le mandement fameux qui fut déféré au Conseil d'État, et qui se résumait dans cette sanglante apostrophe : « Lave tes mains, Pilate ! » Le conspirateur hypocrite qui avait laissé dépouiller Pie IX, tout en protestant qu'il le défendrait, était définitivement démasqué aux yeux des catholiques, et marqué impitoyablement du stigmate de félonie.

Quant à ces jeunes gens qui avaient offert au Pape leur épée et qui avaient trouvé la mort à la fleur même de leur jeunesse ils reçurent du moins, de la part de l'Église, des hommages dignes de leur dévouement. Mgr Pie fit célébrer dans sa cathédrale un service solennel pour les volontaires pontificaux tombés au champ d'honneur, et trouva pour les célébrer des accents dont l'éloquence n'a pas été dépassée.

« C'est une grande science, disait-il, et une science trop désapprise que de savoir mourir. C'est surtout une grâce incomparable que d'être admis à mourir pour une grande cause. Or, ceux que nous pleurons sont morts pour la cause de Dieu, de l'Église et du Saint-Siège ; ce sont des martyrs. C'est la fleur de la terre, la fleur de l'humanité qui a été prélevée pour être ainsi offerte à Dieu et à l'Agneau : *Hi sunt qui empti sunt de terra et hominibus, primitiæ Deo et Agno.* »

L'évêque rappelait ensuite la mission de la Fille aînée de l'Église : « Puisque Rome est menacée, puisque Astolphe et Didier ont reparu, debout la grande ombre de Pepin et de Charlemagne ! Mais si, par des mystères que nous ne voulons pas sonder, l'épée de Pepin et de Charlemagne demeure consignée au fourreau ; si les bataillons français ne peuvent franchir les monts et les mers que pour assister passifs et immobiles à l'invasion sacrilège des nouveaux Lombards ; s'ils sont là comme témoins d'un duel, comme spectateurs d'une lutte, et non comme les tuteurs armés de l'opprimé, partez, généreux volontaires ; partez des quatre vents du ciel et du sein de toutes les races catholiques ! Non, quoique ce titre puisse parfois être accepté sans honte, vous ne formerez point une légion étrangère. On est toujours au service de sa patrie quand on est au service de son père. Et si je ne sais quel patriotisme mal né s'avisait de vous renier, dites que votre roi s'appelle Pepin et votre empereur Charlemagne ; dites que votre bannière, c'est l'oriflamme de Saint-Denys ; dites qu'un soldat français, au lieu de perdre ses titres de nationalité, les reconquerrait bien plutôt en faisant les œuvres de la France très chrétienne, en acquittant les dettes de la Fille aînée de l'Église…

« Castelfidardo, Ancône ! l'Église gardera vos noms comme elle garde ceux de Damiette, de la Massoura et de Carthage. Là aussi il y eut des défaites, mais ces défaites furent des avantages en même temps que des gloires… La cause de ces héroïques soldats n'est pas vaincue, mais elle vient d'être baptisée dans le baptême du sang, et quant à eux, vivants ou morts, ils n'ont moissonné que de l'honneur. Gardez pour d'autres votre pitié ; gardez-la pour ceux qui ont triomphé ou qui sont morts tenant en main les armes parricides d'un fils dégénéré. La Moricière a perdu la bataille, oui, mais comme l'avait perdue ce grand Machabée qui, après trente victoires glorieuses, fut un jour écrasé par des forces brutales. Le nom de Judas Machabée n'en resplendit pas moins aujourd'hui encore dans le monde entier. Mais qui connaît les noms de Bacchide et d'Alcime, tristes capitaines d'un plus triste roi ? »

Une place à part était faite, dans ce discours, aux étudiants en droit de la faculté de Poitiers, que l'évêque avait lancés contre l'ennemi en bénissant leur entreprise. Il les célébrait tous dans la personne de l'un d'entre eux, un doux et pieux adolescent de dix-neuf ans, Georges d'Héliand, l'héritier d'un des plus beaux noms militaires de l'Anjou. Il adressait aussi un hommage spécial au général de Pimodan, mort de la mort des saints au sortir de cette Basilique de Lorette où, le matin même, il avait reçu le corps du Sauveur : « O sainte Église de Dieu, s'écriait l'orateur, tes morts revivront et tes décapités relèveront la tête : *vivent mortui tui, interfecti tui resurgent.* Ou plutôt tes tués n'ont pas été tués : *interfecti tui non interfecti.* Ils n'ont pas donné leur vie pour une cause humaine, mais pour une cause divine. Voilà pourquoi, Seigneur, des dévouements si magnanimes ne seront pas perdus. J'en jure par cette maison où votre Verbe s'est fait chair : le sang chrétien, versé en abondance tout près de ses murs, sera une semence de nouveaux héros (1). »

Nous avons laissé La Moricière sur le chemin d'Ancône, occupé, presque seul, à se frayer un passage à travers les régiments piémontais. Il était cinq heures et demie du soir lorsqu'il entra dans la ville.

« Je n'ai plus d'armée, » dit-il au major de Quatrebarbes en lui serrant la main. Cependant on l'entoure et on l'acclame ; il s'efforce, de son côté, de relever le courage de la garnison :

1. Voir la note II, à la fin du volume.

rien n'est désespéré ni perdu tant que le drapeau pontifical flotte sur la ville ; la France va enfin se décider à envoyer du secours. On se montre une dépêche adressée au consul d'Ancône par l'ambassadeur français à Rome : « Des ordres sont donnés, y est-il dit, pour embarquer des troupes à Toulon, et ces renforts doivent arriver sans retard. Le gouvernement de l'Empereur ne tolérera pas la coupable agression du gouvernement sarde. »

On crut que cette dépêche, communiquée à l'ennemi, lui donnerait à réfléchir et pourrait faire cesser les hostilités. Un courrier fut envoyé, dans ce but, à Cialdini. Le général piémontais le reçut sans émotion, et lui dit avec ironie : « Calmez-vous ; nous avons vu, il y a quinze jours, votre empereur à Chambéry, et nous savons à quoi nous en tenir. — La France ! ajoutait-il en souriant, mais elle est avec nous, et ce que nous faisons se fait avec la permission de votre empereur. »

Il fallut se rendre à l'évidence. Cependant La Moricière était résolu à sauver l'honneur et il s'enferma dans Ancône, malgré l'infériorité visible de ses moyens de défense.

La flotte de l'amiral Persano avait investi Ancône du côté de la mer. Elle portait plus de quatre cents bouches à feu. Les canons étaient des pièces de 80 ou des pièces rayées lançant des boulets de 65 kilogrammes ; les petits navires avaient des pièces rayées de 20 kilogrammes. L'effet que les engins produisaient à des distances moyennes, et leur portée, qui dépassait 3000 mètres, inquiétèrent d'abord La Moricière, parce que, du côté de la mer, la ville n'avait que des parapets en pierre et des remparts découverts jusqu'au pied ; de plus, les batteries qui défendaient le port n'avaient que vingt-cinq pièces de canon et ne pouvaient en recevoir davantage ; enfin, ces pièces étaient de portée et de calibre fort inférieurs à celles de l'ennemi.

Du côté de la terre, l'ennemi se tenait encore à distance de la place. L'aile droite de sa ligne était à Camerano ; elle s'étendait en demi-cercle, et sur ce demi-cercle, quelques points naturellement choisis sur les principaux débouchés de la garnison assiégée, étaient fortement occupés. La place n'était pas encore complètement investie, et les vivres pouvaient encore y entrer. Outre les forts, l'armée de la Moricière occupait encore, dans la direction de Camerano, deux redoutes en terre, élevées par les Autrichiens à l'époque de leur dernière occupation. Dans la direction de Sinigaglia, il y avait également, à 1500 mètres de la citadelle, une redoute dite de Scrima, construite à la même époque et dans les mêmes conditions que les précédentes. Ces ouvrages n'avaient jamais été finis ; les assiégés n'y avaient pas exécuté de travaux de défense, parce que, eu égard à leur éloignement de la place, ils ne pouvaient songer à s'y maintenir longtemps en cas d'investissement.

Les fortifications permanentes du côté de la campagne étaient plus solides que les défenses du côté de la mer. Les brèches des remparts avaient été relevées, les ouvrages extérieurs complétés et améliorés ; les terrassements des parapets étaient à peu près finis ; les chemins couverts seuls manquaient presque partout, et, là où ils existaient, on n'avait pu les mettre en état d'être utilisés. Il en était, à plus forte raison, de même des glacis qui restaient couverts de vignes, de mûriers et même de maisons, qu'on n'avait point eu le temps de raser.

La ville avait sur les remparts faisant face à la campagne 110 pièces de siège, plus 14 pièces légères ; il en manquait encore 20 pour compléter ce qu'on appelle l'armement de sûreté ; par suite, il n'y avait pas de réserve. Ancône était donc bien loin de posséder le matériel de défense nécessaire pour soutenir un siège à la fois dirigé par terre et par mer. Les plus gros canons étaient de 36 ; il n'y avait que 18 pièces de ce calibre, et aucune pièce rayée. Les approvisionnements en poudre et en boulets étaient suffisants, mais les bouches à feu étaient d'origine fort diverse : on aurait pu y reconnaître des modèles appartenant à toutes les artilleries de l'Europe, ce qui produisait une multiplicité de calibres qui rendait les approvisionnements fort difficiles ; aussi quelques erreurs étant produites, on ne manqua pas de crier à la trahison, comme cela arrive toujours en pareil cas.

Ancône.

La question des approvisionnements, qui avait été posée pour ainsi dire dès le lendemain de l'invasion, avait inquiété et mécontenté les troupes ; quelques désordres s'en étaient suivis à l'occasion des distributions. Tout cela avait cessé après des mesures énergiquement prises, mais le mauvais effet moral persistait. De plus la fraction révolutionnaire de la population impressionnait péniblement la garnison en répandant chaque matin l'annonce d'un nouveau succès des Piémontais. On connaissait l'effectif des corps qui avaient passé les frontières ; ils allaient tous se réunir sous les murs d'Ancône ; et l'on aurait affaire à un ennemi dix fois supérieur en nombre. On supputait la supériorité de calibre et de portée de l'artillerie ennemie, l'absence presque absolue dans les rangs des pontificaux de carabines et de fusils rayés ; on concluait que l'armée assiégée devait évidemment succomber, puisque personne ne lui venait en aide ; qu'une plus longue résistance était, non seulement inutile, mais coupable, parce que c'était sacrifier de braves gens pour défendre une cause évidemment perdue ; qu'enfin on aurait de meilleures conditions de capitulation, si l'on se rendait pouvant encore tenir quelques jours.

La Moricière fit venir successivement chez lui des officiers choisis dans les divers corps pour les entretenir au sujet de ces rumeurs ; ils ne cherchèrent point à lui dissimuler leurs craintes sur les dispositions de la troupe. Il leur rappela qu'ils étaient dans une place de guerre bien fermée, munie de tout ce qu'il fallait pour la défendre, que l'honneur militaire ne leur permettait pas de se rendre tant que leurs défenses étaient intactes : que contre les boulets rayés de l'ennemi on s'abriterait derrière les parapets ; que pour faire brèche aux murs d'Ancône il faudrait bien s'en approcher, et qu'alors les canons de la place reprendraient l'efficacité de leur action ; enfin que, lorsque l'enceinte serait entamée, il serait toujours temps d'examiner s'ils devaient se rendre ; que d'ailleurs rien au monde ne le ferait amener son drapeau devant des menaces de bombardement ou d'escalade.

Le feu commença le 18 septembre. Il fit plus de mal à la ville même qu'aux défenses de la place ; beaucoup de toitures étaient enfoncées ; deux enfants et une femme avaient été tués ; un homme avait eu le bras emporté ; la garnison avait eu seulement cinq hommes hors de combat, tous gravement blessés.

L'artillerie de la place répondait vigoureusement au feu de l'ennemi, et, quelques bâtiments s'étant approchés des batteries des remparts, bon nombre de boulets purent les atteindre.

Les jours suivants, le bombardement continua sans résultat appréciable ; mais le 20, La Moricière dut porter son attention du côté de la campagne : les têtes de colonne des troupes qui avaient combattu à Lorette venaient remplir les vides du cordon d'investissement. D'autres masses, qui venaient dans la direction d'Osimo, s'avançaient dans le même but.

L'escadre n'avait point cessé le feu depuis le 18. Le 21 au matin, elle envoya au commandant de l'armée assiégée un canot avec le pavillon parlementaire. L'officier qui le montait était porteur d'une lettre de l'amiral Persano, qui notifiait à La Moricière le blocus du port et le priait de remettre au consul anglais un gros paquet de dépêches joint à sa lettre.

Le feu de l'escadre, un instant suspendu, reprit plus vivement. A partir de ce jour, il occasionna, par jour, à l'armée assiégée, une perte moyenne de 20 à 25 hommes hors de combat, dans laquelle les canonniers entraient généralement pour moitié.

Le 23, qui tombait un dimanche, le bombardement devint très vif, dès le point du jour, après avoir duré toute la nuit. La ville fut fort maltraitée ce jour-là. Plusieurs bombes tombèrent dans les églises ; les fidèles qui assistaient au saint Sacrifice se dispersèrent, et les prêtres qui le célébraient firent preuve de courage en restant à l'autel.

Le palais de l'archevêque, le consulat de France, étaient criblés par les obus. Mais l'ennemi, après avoir acheté chèrement tout le terrain conquis autour de la ville, ne parvenait pas à le conserver. Il devait reculer presque tous les jours devant l'héroïsme des pontificaux qui, par des sorties imprévues, prenaient les assaillants de front, de flanc, de revers, et les culbutaient jusqu'au pied des remparts.

« Cependant, dit La Moricière, dans le rapport célèbre d'où

nous avons extrait presque tous les détails qui précèdent, on remarquait que le bombardement prolongé d'Ancône n'avait pas même le privilège d'attirer les navires des grandes puissances neutres, que l'on envoie d'ordinaire, en pareille circonstance, pour protéger les consuls et les nationaux, ainsi que pour faire des offres de service aux habitants qui veulent fuir un champ de bataille où la mort les frappe, quoiqu'ils n'y soient que spectateurs inoffensifs. Le feu sur Ancône durait depuis huit jours. On entendait le canon de Venise, de la côte de la Dalmatie, on a dit même de Trieste. Le télégraphe n'était pas resté muet. L'Europe savait ce qui se passait dans nos murs, et nous n'avions pas aperçu une seule voile neutre ou amie qui manifestât l'intention de communiquer avec nous. »

Cependant l'attaque se régularisait. Le cercle d'investissement, sans cesse rompu par les courageuses sorties des assiégés, se reformait sans cesse, grâce aux renforts que le Piémont ne cessait d'envoyer. D'autre part, les fortifications de la place s'endommageaient graduellement sous l'effort d'une artillerie perfectionnée et toujours redoutable, malgré les avanies qu'elle avait subies. Dans la matinée du 28, les batteries piémontaises, s'avançant à moins de deux cent cinquante mètres des remparts, les démolirent rapidement.

L'artillerie de la place, désormais découverte, était privée de tout moyen de résistance ; néanmoins elle continua le feu pendant une heure et demie.

« Alors, dit le général, un des obus ennemis entrant dans la batterie par une des embrasures agrandies, pénétra dans un des magasins à poudre et le fit sauter. Le quai fut fortement endommagé, et les murs auxquels était attachée la chaîne ayant été renversés, toutes les défenses du port se trouvèrent détruites. Une brèche de cinq cents mètres de largeur était ouverte au corps de la place, car en arrière, l'enceinte de la ville n'offrait point d'obstacles sérieux. L'ennemi pouvait débarquer sur le quai et nous enlever d'assaut, sans que nous pussions l'en empêcher. Je fus obligé alors d'arborer le drapeau blanc sur la citadelle, tous les forts répétèrent le signal. J'envoyai immédiatement le major Manzi à bord du vaisseau amiral pour traiter de la capitulation. Il était environ quatre heures et demie du soir ; le feu cessa immédiatement de part et d'autre. »

Tout était consommé. Le major de Quatrebarbes, qui avait été investi pendant le siège des fonctions de gouverneur civil, monta à la citadelle et trouva La Moricière se promenant seul dans sa casemate. Les officiers de son état-major respectaient son silence. De temps en temps il s'arrêtait, ses épais sourcils se contractaient, et ses yeux noirs lançaient des éclairs.

— « Sur combien d'hommes puis-je compter, demanda-t-il à Quatrebarbes, si la capitulation n'est pas acceptée ?

— Sur mille à douze cents, mon général.

— C'est assez pour le camp retranché et pour la citadelle ; nous pourrions, en abandonnant la ville, prolonger au besoin la défense de quarante-huit heures. Ce serait mon devoir si nous avions seulement une vague espérance de secours... Aujourd'hui ce serait un suicide inutile. »

Cette pensée du secours qu'il attendait et qui ne vint pas, cette pensée de sa patrie qui l'avait abandonné et trahi, faisait saigner le cœur du vaillant soldat, obligé, pour la première fois de sa vie, de mettre son nom au bas d'une capitulation.

Le lendemain, il se rendit, avec son état-major, à bord de la frégate de l'amiral Persano ; il n'y resta que quelques heures et fut embarqué sur un vaisseau de commerce à destination de Gênes.

L'abattement n'avait point de prise sur cette nature indomptable. Pendant le trajet, une tempête s'élève, si violente, que le capitaine de navire, hors de lui, ne sait plus donner ses ordres.

Le général s'en aperçoit, et avec ce sang-froid qui ne l'abandonnait jamais : « Nous sommes prisonniers sur parole, dit-il,

Pie IX.

mais nous ne nous sommes pas engagés à nous laisser noyer. » A l'instant, il invite un ancien officier de marine blessé, qui se trouvait sur le pont, à prendre le commandement, fait fabriquer des gargousses avec ce qui restait de cartouches aux prisonniers, et tirer le canon d'alarme. Bientôt un pilote arrivait de Brindes, et le navire était sauvé.

A Gênes, La Moricière trouva une lettre qui restera comme un monument de la reconnaissance de l'Église envers son intrépide champion.

« Si je me tourne vers Dieu, lui écrivait Pie IX, et si je considère le cours des derniers événements, je courbe la tête et je m'humilie devant la divine Majesté qui, dans ses jugements si impénétrables, a cru devoir les permettre; c'est là le sentiment de résignation que je me sens, quant à moi, obligé de mettre en pratique. Mais en me tournant vers vous, mon très cher général, je sens toute ma dette de gratitude pour la grande œuvre que vous avez faite pour le Saint-Siège et pour l'Église catholique, et je prends ma part de votre douleur, vous conseillant toutefois de lever les yeux vers Dieu, qui a déjà écrit dans le livre de vie vos actes et vos généreuses résolutions.

« Les ennemis de la vérité et de la justice peuvent à leur gré défigurer les événements ; mais tous les bons catholiques et toutes les âmes honnêtes célébreront toujours comme un triomphe pour l'Église tout ce qui est arrivé dans les États pontificaux dans ces derniers temps, où l'on a vu une petite armée, organisée en peu de mois grâce à votre activité, à votre zèle et à votre intelligence, armée plus que suffisante pour comprimer la révolution, si celle-ci n'avait été protégée par des mains puissantes, par des forces incomparablement supérieures aux nôtres, et aidée par tous les moyens que peuvent suggérer la fraude et le mensonge.

« Dieu a permis ce qui est arrivé, et que sa très sainte volonté s'accomplisse ; mais je désire, mon cher général, que vous soyez persuadé de la continuation de mon estime et de ma tendresse paternelle. C'est avec ces sentiments que je vous envoie de cœur, à vous, à votre épouse et à vos filles la bénédiction apostolique. »

Ces paroles étaient bien propres à consoler le grand cœur de la Moricière; mais il désirait entretenir le Pape de vive voix, bien moins pour se décharger du commandement qui lui avait été confié, que pour aider le Saint-Siège à tirer le meilleur parti possible de la situation. Il demanda et obtint de se rendre directement à Rome.

Cependant il fallait négocier la délivrance de l'armée pontificale prisonnière. Mgr de Mérode fit charger M. de Courcelles de traiter avec le gouvernement italien de cette affaire délicate. La négociation réussit, et les deux mille hommes laissés à Ancône furent rendus à la liberté.

Dans les eaux de la mer Tyrrhénienne, le bâtiment qui les portait se croisa avec le bateau qui ramenait La Moricière à Rome. En les voyant, il les salua de la main. Dès que ceux-ci reconnurent leur général, ils lui répondirent par une immense acclamation qui retentit au loin sur les flots.

La Moricière rapportait à Pie IX le drapeau de Lépante, qu'il avait pu sauver au milieu de tant d'épreuves. Mgr de Mérode constate la profonde et salutaire impression que produisit sa rentrée à Rome : « Nous ne savions plus rien du général, dit-il, à partir du 29 septembre, c'est-à-dire depuis quinze jours. Il nous est enfin revenu dimanche dernier, comme un nouveau Jonas. Il prépare un rapport sur tout ce qui s'est passé. Ce rapport sera du plus merveilleux intérêt. Il n'a jamais peut-être déployé dans sa vie plus de génie ni de ressources que dans ce siège d'Ancône. Pour se rendre bien compte des efforts qu'il a faits, il faut se rappeler qu'il n'a mis que six mois à préparer, à organiser, à instruire toute son armée. Vous n'imaginez pas combien, en arrivant à Rome, il a relevé ici tous les courages. »

Que se passa t-il pendant l'audience que Pie IX s'empressa

d'accorder à son général malheureux ? Aucun témoin n'était là pour relever la conversation qui s'échangea entre ces deux grandes âmes ; mais on peut conjecturer que Pie IX oublia ses revers pour consoler le guerrier qui lui avait immolé sa gloire, tandis que La Moricière, trop généreux pour se souvenir de ses sacrifices, s'occupa tout entier de l'avenir du Saint-Siège.

Après cette entrevue, le général s'enferma avec son état-major pour rédiger son rapport sur cette malheureuse campagne. Ce document, qui restera comme un acte d'accusation contre le Piémont et comme l'éclatante justification du Saint-Siège et de ses défenseurs, fut soumis à l'approbation du Pape. Pie IX y changea quelques mots à peine, et déclara que son général en chef maniait la plume aussi bien que l'épée.

Ce dernier devoir accompli, La Moricière demanda un congé de dix mois pour rentrer en France. Pie IX lui offrit le ministère des armes, il le refusa. Sa défaite avait été un triomphe pour tous ceux que son activité et son impitoyable probité avait inquiétés. Vainqueur, il aurait pris sur eux un ascendant définitif ; après Castelfidardo et Ancône, comment aurait-il conservé l'influence nécessaire pour triompher des préjugés locaux et de la routine ? Il crut donc devoir disparaître momentanément de Rome, tout en conservant le titre de général en chef ; mais il demanda au Pape de laisser le ministère de la guerre aux mains de Mgr de Mérode, et il partit, résolu, d'ailleurs, de revenir à la première alerte et de demeurer l'âme de la petite armée qui allait se reformer.

Avant son départ, il avait reçu une lettre autographe de l'empereur François II, qui lui offrait le commandement de son armée du Volturne. Catholique, le général avait combattu de grand cœur pour l'Église ; Français, il avait consacré son épée à sa patrie ; en dehors de ces deux grandes causes, aucun intérêt humain ne pouvait désormais solliciter son dévouement : il déclina l'honorable proposition qui lui était faite.

Ne sachant comment s'acquitter de sa dette envers La Moricière, Pie IX avait songé à lui donner le titre de comte romain. Le glorieux vaincu refusa encore. « Non, répondit-il, je m'appelle et je désire m'appeler toujours Léon de La Moricière. »

Alors le Pape lui adressa ces touchantes paroles : « Je vous envoie du moins ce que vous ne pouvez refuser, l'Ordre du Christ, pour lequel vous avez combattu, et qui sera, j'espère, votre récompense et la mienne. »

Cette parole allait s'accomplir. L'heure approchait où Jésus-Christ, le dispensateur de toute gloire véritable, allait couronner cette noble vie.

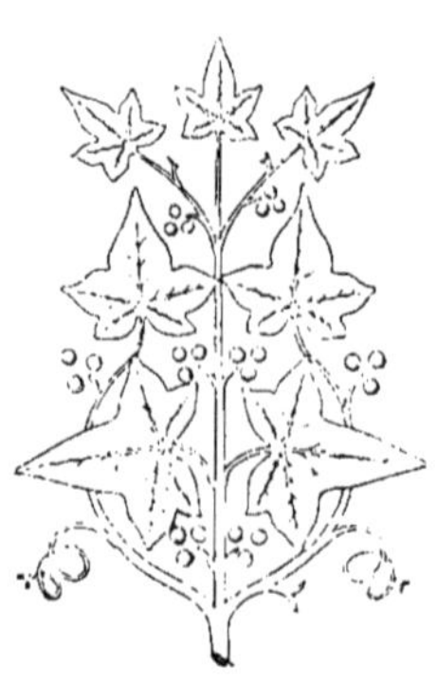

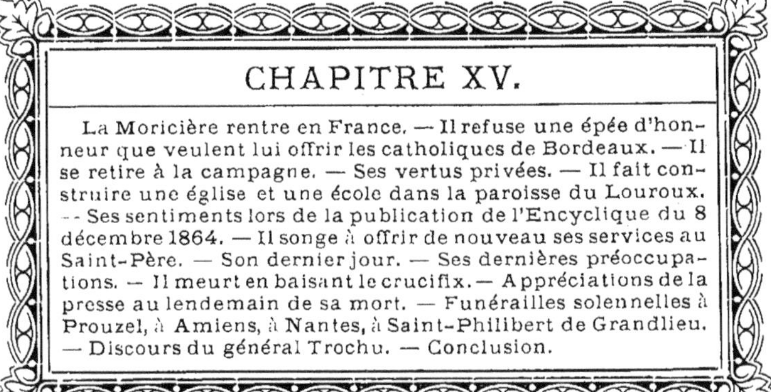

CHAPITRE XV.

La Moricière rentre en France. — Il refuse une épée d'honneur que veulent lui offrir les catholiques de Bordeaux. — Il se retire à la campagne. — Ses vertus privées. — Il fait construire une église et une école dans la paroisse du Louroux. — Ses sentiments lors de la publication de l'Encyclique du 8 décembre 1864. — Il songe à offrir de nouveau ses services au Saint-Père. — Son dernier jour. — Ses dernières préoccupations. — Il meurt en baisant le crucifix. — Appréciations de la presse au lendemain de sa mort. — Funérailles solennelles à Prouzel, à Amiens, à Nantes, à Saint-Philibert de Grandlieu. — Discours du général Trochu. — Conclusion.

LA MORICIÈRE venait de rentrer en France après cette expédition d'Italie où, pour la première fois, la fortune l'avait trahi. Pour le monde superficiel et vain, pour les politiques à courtes vues, c'était un vaincu qui achevait tristement une carrière d'honneurs et de succès.

Heureusement, la victoire, pour les chrétiens, ne consiste pas seulement à prendre des villes et à gagner des batailles, elle consiste à triompher de l'incrédulité par la foi, de l'engourdissement et de la torpeur par l'héroïsme, de la sensualité par le martyre.

Aussi, à cette époque de jouissances effrénées et de calculs intéressés, le spectacle donné au monde par les fils des croisés qui reprirent d'une main ferme le blason et le drapeau de leurs pères et qui, frémissant à l'appel du Pape, quittèrent pour sa cause patrie, famille et fortune, marchèrent au feu, se battirent comme des lions et moururent comme des héros, ce spectacle inattendu fut un immense soulagement pour la conscience publique et le plus salutaire exemple qui pût être offert à la France du second Empire.

C'est ce qu'avaient compris plusieurs notables habitants de la ville de Bordeaux, où le général comptait autant d'amis que d'admirateurs. Ils avaient résolu de lui offrir une épée d'honneur pour célébrer sa triomphante défaite, mais sa modestie arrêta brusquement cet élan d'enthousiasme.

Voici la lettre qu'il adressa à l'un des promoteurs de la souscription. On ne sait qu'y admirer davantage, de la grandeur d'âme du héros ou de l'esprit de discipline du vieux soldat.

« Monsieur, vous avez bien voulu me faire part de l'intention qu'auraient un grand nombre de catholiques de me décerner une épée d'honneur, en mémoire de la campagne que j'ai faite l'année dernière dans les Marches et l'Ombrie. Je suis profondément touché de l'extrême bienveillance avec laquelle on apprécie mes efforts, matériellement stériles, pour défendre le pouvoir temporel du Saint-Siège. Mais il est de mon devoir de vous faire remarquer que, si j'acceptais l'épée qui m'est offerte, je me placerais en dehors de toutes les traditions et de tous les usages reçus à cet égard dans notre pays, où tout ce qui tient aux choses militaires est l'affaire de tout le monde.

« Suivant ces traditions, on donne une épée d'honneur à un général pour une bataille gagnée, pour une place forte enlevée dans des circonstances mémorables, pour avoir défendu vaillamment une forteresse au delà du temps assigné à la résistance par les gens du métier.

« Or, on ne le sait que trop, je n'ai rien fait de pareil. Les provinces que je défendais ont été envahies, les villes prises, le matériel de guerre a été perdu, et l'armée entière emmenée en captivité.

« Que si, depuis nos désastres, la situation morale du pouvoir temporel du Saint-Siège semble s'améliorer ; que si la confiance et la force sont revenues aux défenseurs du droit, tandis que l'esprit de division, d'incertitude et de vertige s'emparait de ses ennemis; que si la France, ce noble et vieux champion de la cause de Dieu, n'a pas cessé de sentir son cœur ému de ces généreux élans de dévouement et d'ardeur qui ne lui font jamais défaut dans les grands jours, ce n'est pas la main des hommes qu'il faut chercher sous toutes ces choses, et je ne puis oublier qu'un général qui n'a fait que sauver l'honneur de son drapeau ne mérite et ne peut recevoir aucune récompense.

« Telles sont, Monsieur, les raisons qui m'obligent à refuser, d'une manière absolue, l'épée que vous aviez reçu mission de m'offrir ; permettez-moi de compter sur votre obligeance pour faire connaître ma réponse à ceux au nom de qui vous m'aviez écrit. »

La Moricière devait passer ses dernières années en province, dans le calme qui convient si bien aux méditations et aux souvenirs, résidant alternativement dans ses deux châteaux de Prouzel et du Chillon.

Il voulut passer à Paris, où se trouvaient alors ses deux filles. L'accueil qu'il reçut dans cette capitale lui prouva que la défaite n'avait pu porter atteinte à sa gloire. Évêques et prêtres, hommes de guerre, magistrats, membres du barreau, vieillards et jeunes gens de toutes les conditions et de tous les âges, accouraient chaque jour pour lui témoigner leurs sympathiques respects. Ses anciens camarades surtout, ses lieutenants d'autrefois, devenus ses égaux en grade, quelques-uns ses supérieurs, vinrent serrer cette vaillante main, tenant à honneur de lui prouver que, selon ses propres paroles, « aucun de ses anciens camarades ne l'avait renié et que tous l'avaient reconnu ».

Dans ses domaines d'Anjou et de Picardie, il se montra aussi exemplaire comme chef de famille et comme chrétien qu'il l'avait été comme chef d'armée. Il put vivre enfin tout entier pour sa digne compagne, l'ornement de ses courtes prospérités, la meilleure consolation et le charme de ses épreuves, heureuse alors de voir le général devenu défenseur de la foi qu'elle avait toujours pratiquée.

Nous ne pouvons mieux faire que d'emprunter à Mgr l'évêque d'Orléans le tableau de sa vie privée : l'illustre évêque, très lié avec les témoins de ses dernières années, avait puisé ses renseignements à bonne source :

« Venez voir, maintenant, dit-il, ô vous qui ne connaissez pas ces spectacles ni les transformations merveilleuses des âmes sous la main de Dieu, venez voir dans son intérieur caché l'homme des batailles, pratiquant désormais toutes les humbles et grandes vertus de l'époux, du père, du chrétien.

« Le général de La Moricière se reposait de ses grands travaux entrepris pour le service de l'Église et du Pape, et durant tant d'années pour le service de la France, en faisant dans ses deux paroisses du Louroux et de Prouzel le bien sous toutes ses formes : églises, écoles, soin des malades, sœurs de charité, ou bien améliorations agricoles, routes faites à ses frais, aumônes, etc. Toutes ces bonnes œuvres étaient pour lui une sorte de récréation ; il n'en prenait point d'autres. Ses pensées étaient constamment dirigées vers le bien et le progrès continuel du bien : il avait pour principe que toute œuvre qui n'avance pas recule. Sa grande œuvre fut, pendant cinq ans, la reconstruction de l'église de son village. Il était heureux d'achever cette œuvre : il se réjouissait d'en voir s'élever la flèche, lorsqu'il fut frappé de mort.

« Du reste, il remplissait avec une scrupuleuse exactitude tous les devoirs privés et publics du chrétien. Les lois de l'Église, il les observait simplement. On le voyait, donnant l'exemple, prendre plaisir à assister le dimanche aux offices de sa paroisse, soit à la ville, soit à la campagne.

« Il s'approchait fréquemment des sacrements, le matin, de bonne heure, sans respect humain, puisqu'il ne se cachait de personne, et aussi sans ostentation, car il se mettait tout humblement dans un petit coin de l'église.

« Il se tenait toujours prêt à paraître devant Dieu : « L'avenir ne nous appartient pas, répétait-il, à Rome, à ses jeunes aides-de-camp ; quand on part pour une expédition, on doit se dire qu'on n'en reviendra pas, et il faut arranger ses affaires spirituelles et temporelles en conséquence, de telle sorte qu'on n'ait plus qu'à marcher en avant. »

« Son bonheur était de travailler lui-même à former le cœur de ses enfants; il aimait à prier avec eux. Ses filles lui faisaient quelquefois dire avec elles une dizaine de chapelet. Il suivait surtout leurs leçons de catéchisme. Il les y conduisait lui-même souvent, le leur faisait répéter et expliquer. Il assistait aux leçons qu'on leur en faisait chez lui, se promenant durant ce temps dans la chambre, et écoutant. Pendant les retraites qui précèdent les premières communions — c'est de son curé même que je tiens ces choses, — il s'occupait de ses filles avec une sorte d'âpreté tendre et inquiète. Lui qui ne revenait plus à Paris et qui n'y a presque jamais séjourné depuis son exil, y est venu et y a demeuré aux deux grandes époques de la première communion de ses enfants. Il communia la veille de la première communion de l'aînée ; et à la première communion de sa seconde fille, il communia à côté d'elle le jour même. Voilà quel père et quel chrétien c'était. « Je l'ai vu pleurer comme un enfant ce jour-là ! », me dit un de ses amis. Et il ajoute : « Et nous ayant tous, ce même jour, réunis à sa table, il nous laissa de lui, comme homme, comme chrétien, comme père, une expression d'édification et d'admiration que je n'oublierai de ma vie. »

Il ne pouvait, du reste, voir ses enfants malades sans tomber dans des inquiétudes mortelles: « Je ne me comprends pas moi-même, disait-il à un de ses amis, moi qui ai vu tant de fois la mort en Afrique, je ne puis les voir souffrir sans que les larmes me viennent aux yeux. » Ah ! c'était le cœur le plus tendre sous une enveloppe de bronze. (1) »

Ce n'est pas que La Moricière, même dans les années de

1. *Oraison funèbre du général de La Moricière*, p. 48.

ferveur croissante, fût affranchi de la condition ordinaire du chrétien ici-bas.

Il était né, nous l'avons vu, avec une nature impétueuse, qui se révélait encore de temps en temps par de brusques saillies. Arrivé à un âge où l'on ne songe plus guère à se réformer, il travaillait avec persévérance à acquérir la douceur et l'indulgence qui sont l'accompagnement et comme le signe extérieur de la charité chrétienne.

On lui annonce un jour qu'un de ses chevaux favoris vient de se couronner. Pendant ses guerres d'Afrique, cet événement eût été l'occasion d'un orage, et son cocher tremblait d'avance à la pensée de la réprimande qu'il allait avoir à subir. Le général déplora l'accident sans même lui faire de reproches.

Il finit aussi par triompher complètement d'un défaut trop ordinaire aux gens de guerre. Dans la vie des camps, il avait contracté l'habitude d'un langage quelque peu cavalier; au dire des paysans du Louroux, c'était un des plus grands *juristes* du pays. Pendant ses dernières années, sa conversation ne conservait plus trace de cette habitude.

Nous venons de voir un exemple de sa patience envers ses serviteurs. Sa charité ne se bornait pas à éviter ce qui aurait pu blesser ou faire peine, elle était essentiellement agissante. Pendant son ambassade en Russie, on lui annonce un jour que son valet de chambre, qui l'accompagnait à l'étranger, a perdu une de ses filles, mais on oublie de la désigner exactement. Aussitôt il réclame en des termes où éclate, avec le sentiment de la dignité humaine, la commisération la plus vive pour les misères d'autrui.

« Comment ? dit-il, on m'annonce que François a perdu une de ses filles, et on ne me dit pas quelle est celle qui est morte ; heureusement je savais qu'il en avait quatre, et je me suis borné à lui dire que l'une d'elles était malade, ne voulant pas lui annoncer à 900 lieues une nouvelle qui l'aurait jeté dans une pareille incertitude. Rappelons-nous que c'est surtout devant la mort et devant Dieu que les hommes sont frères. »

Une autre fois, c'est son jardinier du Louroux qui perd aussi un de ses enfants. Le général se trouvait alors à Prouzel. Voici la lettre qu'il lui adresse : ne dirait-on pas que c'est un frère qui veut consoler son frère dans l'angoisse ?

« Mon cher Louis, quel horrible malheur vous m'apprenez ! Combien je vous plains, vous et votre pauvre femme ! Nous avons bien besoin de nous rappeler que Dieu n'éprouve que ceux qu'il aime. Il ne nous épargne pas les épreuves : que sa volonté soit faite, qu'il nous reçoive un jour dans sa miséricorde ! Vous retrouverez alors votre petite Amélie au milieu des anges. Prenez donc courage, mon cher Louis, je vous embrasse de cœur. »

Ce ne sont pas seulement les angoisses morales qui excitent sa pitié. Son garde Julien se casse la jambe ; pendant six semaines, il ne manque pas un seul jour de lui porter ses consolations et ses soins. Son valet de chambre Ernest avait une petite fille de six ans dont l'intelligence précoce et les bonnes dispositions excitaient l'intérêt du général. Peu de temps avant sa mort, il l'emmène dans sa voiture à Amiens, pour lui acheter un manteau...

Achevons le portrait de La Moricière intime, en le montrant un instant au milieu de ses relations sociales. Tous ceux qui l'ont connu, surtout pendant sa vie de retraite, attestent la sûreté et l'amabilité de son commerce, en même temps que la bonté de son cœur et la loyauté de son caractère. Il exerçait autour de lui une sorte de séduction.

Varié, étendu, fécond, toujours en activité, son esprit était d'une remarquable puissance. Il se mêlait à tout, comprenait tout, avait une opinion sur tout, « même sur les hypothèques », disait un de ses amis.

D'ailleurs, sa bonne foi était parfaite, et jamais l'amour-propre ne l'empêchait de reconnaître une erreur. Sa conversation, vive, animée, spirituelle, abondait en traits, en saillies, en images naturelles et ingénieuses, expressives et pittoresques, empruntées, soit à la vie des camps, soit à la vie rurale, qui avait toujours eu pour lui un charme particulier. Sa verve était familière, relevée parfois d'un certain sel gaulois, mais, à part les expressions soldatesques dont, à la fin de sa vie, il avait fait bonne justice, exempte de toute trivialité. Jamais de morgue ni de prétentions même hiérarchiques ; sa modestie était celle d'un homme de bien qui se tient à sa place et ne songe qu'à son devoir, bien plutôt que celle d'un homme de bon ton qui sent le ridicule de la vanterie. Malgré sa vie agitée et le caractère nécessairement professionnel de ses études, il avait un esprit très orné.

Un jour, après Castelfidardo et Ancône, Pie IX, s'entretenant avec le général, cita un vers d'Horace. La Moricière poursuivit la citation. Pie IX le regarda fixement. La conversation continuant, il cita Virgile. Le général savait l'*Enéide*, et acheva les vers. — Mouvement du Pape. — Après tout, dut-il penser, Virgile et Horace entrent dans l'enseignement des humanités.

Les deux interlocuteurs vinrent à parler de l'Afrique, et Pie IX, voulant surprendre le général, cita l'évêque d'Hippone. La Moricière avait lu S. Augustin ; il retrouva le passage entier. C'était fort. Pie IX se pique au jeu, sans en avoir l'air, et jette un mot de S. Irénée à la tête du général. Celui-ci, qu'on ne croyait pas si lettré, prenant cet assaut de citations à la façon d'un assaut d'armes, continue encore.

— « Ah ça ! mon cher général, s'écria le Pape en lui prenant les mains, où avez-vous fait votre cours de patrologie ?

— Un peu partout, Très-Saint-Père : en Algérie, mais

surtout en Belgique, dans les années d'exil. Que voulez-vous ? un soldat ne peut pas se battre tous les jours, et j'ai lu les Pères. Je les ai lus avec amour; ce sont eux qui m'ont enseigné qu'il y a une gloire supérieure à la gloire de vaincre pour le monde, celle d'être vaincu pour le Christ. »

De pareils tours de force ne s'expliquent que par une incomparable ardeur au travail.

Toute l'impétuosité du caractère de La Moricière se concentrait parfois instantanément sur une question, et il restait là, immobile, pendant de longues heures, jusqu'à ce qu'il eût creusé jusqu'au fond et conquis la vérité. Jamais il ne lâchait prise avant d'y voir clair.

Pendant son séjour en Belgique, à l'époque même où il essayait de combler par un travail sans trêve les lacunes de son éducation religieuse, le P. Dechamps lui remit un jour un exemplaire de la *Philosophie fondamentale* de Balmès, en l'engageant à l'étudier :

— « Avez-vous lu mon livre ? lui demanda le religieux quelques jours après.

— Oui, répond La Moricière, je l'ai même lu trois fois. La première fois, j'ai cru que je comprenais un peu ; la seconde fois, j'ai constaté que je n'avais rien compris du tout ; la troisième, j'ai douté que l'auteur se fût compris lui-même. »

Il serait injuste, assurément, de prendre à la lettre cette boutade d'un homme de guerre aux prises avec les spéculations les plus élevées de la philosophie ; mais elle exprime assez bien le besoin de précision et l'horreur de l'à peu près qui caractérisaient ce vigoureux esprit.

Pendant ses années de retraite, il discutait un jour avec un prêtre sur la convenance et l'à-propos de la fréquente communion.

« — Nous ne sommes pas dignes de communier si souvent, disait-il.

— Sans doute, répondit le prêtre ; aussi n'est-ce pas parce que nous en sommes dignes que JÉSUS nous y convie, c'est parce que nous en avons besoin.

— Parbleu, dit le général, on m'avait donné jusqu'ici vingt-cinq mille mauvaises raisons. Voici la bonne, et je m'y tiens. »

Deux œuvres ont occupé les dernières années de La Moricière et se sont partagé ses prédilections. Elles peuvent, au jugement du monde, paraître petites et à peine dignes d'un homme qui avait conquis des provinces et pris part au gouvernement de la France ; aux yeux de la foi, elles comptent parmi les meilleures de sa vie : c'est le développement d'une école gratuite de Sœurs pour les enfants pauvres du Louroux et la construction d'une église pour la même paroisse.

Nous avons vu avec quelle sollicitude il veillait, du fond de son exil, sur les familles indigentes de son village. Au mois d'août 1857, il écrivait à sa fille Henriette, alors âgée de sept ans : « Dis-moi si l'on a fait acheter une vache pour la Gilot du Moulin-Neuf. Elle a sept petits enfants comme toi ; elle n'a ni beurre ni lait à leur donner. Je t'ai recommandé de t'occuper de ces pauvres enfants, et je crains que tu n'aies songé qu'à t'amuser et à manger du lait et des fraises, sans penser aux pauvres du bon Dieu qui n'ont rien à manger avec leur pain. »

La première idée de la fondation des Sœurs remonte à l'époque du coup d'État. Relégué en Belgique, il ne perdit pas de vue sa bonne œuvre. L'école établie, il veut qu'elle devienne un centre permanent de secours, même matériels, pour les pauvres, les malades et les enfants. On a peine à croire jusqu'à quels détails savait descendre ce puissant esprit lorsqu'il s'agissait d'augmenter ou de multiplier le bienfait par ses aumônes.

Pendant un hiver très rigoureux, sachant que les pauvres du Louroux sont livrés à de cruelles privations, il se rend lui-même chez les Sœurs de la Charité de Bruxelles, pour apprendre d'elles le secret de la préparation d'une soupe économique. Il livre ce secret aux religieuses de sa paroisse, avec cette recommandation : « Il faut que la soupe soit bonne dès le début, que les Sœurs fassent d'abord deux ou trois essais en petit, afin de ne pas manquer leur première marmite, et ne brûlent pas leur purée de pois. »

L'école est fondée ; on y donne l'instruction, les aliments, les soins en cas de maladie ; mais on y accède difficilement de certains villages éloignés. Tous les bancs ne sont pas remplis ; que faire ?

Le général a compris que pour donner à l'établissement toute la prospérité dont il est susceptible, il faut y établir un petit pensionnat. Mais édifier de toutes pièces une nouvelle construction, ce serait ruineux ; heureusement il existe au-dessus de l'école actuelle un vaste grenier : il sera plafonné, lambrissé en plâtre, aménagé enfin pour servir de dortoir, le tout aux frais du général.

Désormais ses intentions charitables étaient réalisées ; les pauvres, les malades de sa chère paroisse étaient à l'abri du besoin. Une grande œuvre restait pourtant à accomplir. L'église du Louroux, pauvre et délabrée, était depuis longtemps trop étroite pour la population, et il devenait urgent de la remplacer par un édifice plus vaste et plus convenable. Le curé hésitait ; c'était un vieillard ; il craignait de ne pas voir achevée une œuvre aussi longue et aussi difficile ; il savait d'ailleurs que l'administration municipale, loin de le seconder, ferait son possible pour entraver ses efforts. Il consulta La Moricière.

De telles difficultés n'étaient pas faites pour effrayer le général : il en avait connu bien d'autres en Afrique et à Rome. Il commence par tracer au vénérable prêtre la marche à suivre pour obtenir les autorisations ou les subventions dont il a besoin ; il lui promet, de son côté, de l'aider largement de sa bourse, et, après l'avoir déterminé à lancer l'entreprise, il lui adresse un jour, en forme de conclusion, les réflexions suivantes, dans lesquelles on retrouve, alliés à une rondeur toute militaire, son ferme bon sens et son grand esprit de foi :

« Je vois par votre lettre que vous craignez de ne pas arriver au résultat, que vous redoutez les difficultés de l'entreprise, etc. ; qu'enfin vous la jugez de si longue haleine que vous désespérez d'être récompensé ici-bas de vos peines. Je me borne à vous dire, pour tout cela, que le monde est ainsi fait, qu'on ne peut y accomplir le bien sans luttes, sans difficultés et sans traverses ; que ce n'est point une raison pour ne pas faire ce qu'on doit sans s'inquiéter de savoir si la récompense nous sera donnée dans ce monde ou dans l'autre. Vous voyez qu'on a bien eu raison de dire que parfois Gros-Jean se mêlait d'en remontrer à son curé. »

Le curé suivit les conseils du général, et au bout de cinq ans s'élevait au Louroux une belle et grande église surmontée d'une flèche élégante qui domine toute la contrée. Dans sa rage d'opposition, l'administration municipale avait délibéré sur la question de savoir si elle accepterait le don du monument, qui ne lui coûtait pas un centime.

Des tracasseries aussi déraisonnables auraient découragé un homme moins énergique, un chrétien moins fortement trempé que La Moricière. Elles ne l'ébranlèrent pas un instant ; bien plus, il n'hésita pas à entrer en lutte, pour le triomphe du bien, sur le terrain des élections municipales, contre ces tyrans de village, à l'esprit étroit et taquin, qui voyaient en lui un ennemi, parce qu'il personnifiait le parti de l'ordre et de la religion. Ni sa bienfaisance, ni sa capacité hors de pair ne purent triompher de la défiance des paysans indignement exploités et trompés : la liste présentée par lui échoua de quelques voix. Il avait fait tout son devoir, et il se consola de l'insuccès, sachant que l'on n'est jamais tenu de réussir, mais seulement de travailler et de lutter.

D'ailleurs, des intérêts plus graves que ceux qui se débattaient au conseil municipal du Louroux continuaient de le passionner. Rome restait à Pie IX, mais les auteurs du guet-apens de Castelfidardo convoitaient cette proie suprême offerte à leur ambition sans scrupule. A l'heure où la mort vint surprendre La Moricière, la convention de Septembre était près de s'exécuter. Depuis quelque temps il suivait avec plus d'intérêt que jamais les diverses phases de cette question romaine, que toujours les usurpateurs voudraient clore, et qui toujours reste ouverte malgré eux.

Dans sa mémorable Encyclique du 8 décembre 1864 et dans le *Syllabus* qui l'accompagnait, Pie IX tint à dire la vérité tout entière à cette société dont les chefs l'avaient persécuté ou lâchement abandonné. On sait les colères qu'excita cet acte parmi les ennemis de l'Église, et les étonnements qu'il provoqua chez les chrétiens timides, qui rêvaient entre les dogmes du christianisme et les principes révolutionnaires une conciliation impossible.

La Moricière ne croyait pas que l'honneur d'avoir servi l'Église donnât à qui que ce soit le droit de discuter ses actes, encore moins de les désavouer. Aussi accueillit-il l'Encyclique et le Syllabus avec le respect et la soumission d'un enfant.

Cette soumission ne nuisait pas chez lui au désir d'étudier et d'approfondir qu'il avait porté toute sa vie dans l'examen des questions soumises à son attention.

Un livre venait de paraître sous ce titre : *L'Encyclique du 8 décembre 1864 et les principes de 1789*. Le général le lit, le relit et l'annote, puis il écrit à l'auteur, M. Emile Keller, depuis longtemps son ami : « J'ai fini de lire votre beau livre, et je l'ai recommencé en y mettant quelques annotations. Vous avez tenu la promesse que vous faites au commencement d'expliquer, de motiver et de justifier l'Encyclique ; vous avez déchiré tous les voiles, et vous marchez fermement dans le sentier de la vérité. Mais que de colères vous allez soulever ! Déjà je vois qu'on fait autour de vous la conspiration du silence ; cela n'aura qu'un temps, et plus tard on adoptera peu à peu vos appréciations, vos jugements, qui, sauf quelques restrictions que je vous signalerai, me paraissent profondément justes. Aujourd'hui, je me borne à vous remercier des bonnes heures que vous m'avez fait passer en lisant toutes ces magnifiques pages consacrées à la défense de la *vraie* vérité. »

Et comme si cet exposé magistral des droits du Saint-Siège réveillait en lui d'anciennes ardeurs, il se prenait à rêver de reprendre l'épée pour le service et la défense de Pie IX. L'avant-veille de sa mort, il disait à son curé : « Toutes mes affaires sont arrangées ; je règle tout comme si je ne devais pas revenir ici ; d'un moment à l'autre, le Souverain-Pontife peut me rappeler ; je suis toujours à ses ordres comme chef de ses troupes, et je ne désespère pas de mourir pour lui. »

Dieu agréa le dévouement de son serviteur, mais l'épreuve qu'il acceptait d'avance lui fut épargnée ; il était mûr pour la récompense suprême : le vaincu de Castelfidardo ne devait pas voir l'envahissement sacrilège de la Ville éternelle par la brèche de la *Porta pia*.

Depuis sa détention à la forteresse de Ham, le général avait eu plusieurs fois des crises d'étouffement qui avaient failli l'enlever ; il vivait dans l'attente d'une mort subite, prêt à répondre à l'appel de Dieu ; mais la veille de sa mort, rien ne faisait prévoir qu'une catastrophe fût imminente ; il était, au contraire, plus libre d'esprit, plus gai, plus expansif que jamais. Il se trouvait seul dans sa terre de Prouzel, près d'Amiens, et il se proposait d'aller rejoindre sa famille au Louroux le lendemain du jour où il fut frappé à mort.

C'était le dimanche 10 septembre 1865. Ce jour-là avait eu lieu l'Adoration du Saint-Sacrement dans l'église du village. Il avait assisté, comme d'ordinaire, à la grand'messe ; le soir, il s'était encore rendu au Salut, et avait passé, à genoux au milieu des paysans, tout le temps consacré aux prières liturgiques. Rentré chez lui, il avait parcouru, comme il le faisait chaque jour, quelques pages de l'*Histoire de l'Église* de l'abbé Darras ; il avait médité aussi quelques chapitres des œuvres du P. Gratry, dont on retrouva un volume ouvert sur un guéridon.

Dans la soirée, le vénérable curé de Prouzel vint, selon sa coutume, tenir compagnie au général. Celui-ci, comme s'il eût connu les secrets desseins de Dieu sur lui, demanda au prêtre de lui rappeler la doctrine de l'Église sur le purgatoire et les indulgences. Ils causèrent ensemble jusqu'à dix heures et demie, et quand le curé le quitta : « Je suis très content, monsieur le Curé, lui dit le général, de ce que vous m'avez dit ce soir. »

Il se coucha en bonne santé. Il s'était endormi paisiblement, lorsque vers une heure du matin, il fut réveillé par une suffocation violente, et sonna son domestique. Il ne songeait même pas aux secours de la médecine : « Monsieur le curé ! s'écria-t-il ! Vite monsieur le curé ! »

Moins de dix minutes après, le prêtre arrivait, et en montant l'escalier, il entendait encore la voix du général, toujours forte, mais de moins en moins distincte, répéter son pressant appel.

Il le trouva à genoux devant son lit et pressant un crucifix sur ses lèvres. Se sentant défaillir dans les angoisses de la lutte suprême, le vaillant soldat avait saisi la croix du Sauveur, comme jadis il saisissait son épée. Le prêtre eut le temps de lui donner une dernière absolution et d'aider son serviteur à le placer dans un fauteuil. Aux prières liturgiques, le général n'eut que le temps de répondre par un regard expressif, et il rendit le dernier soupir sans qu'une ride ou une contraction vînt altérer le calme de son visage qui reflétait la sereine beauté de son âme.

Il n'avait que 59 ans. Sa dernière pensée avait été pour sa famille, son dernier espoir, celui de combattre encore pour l'Église.

Dieu lui imposait ce dur sacrifice de mourir loin des siens, loin de son armée, loin du Pape ; le bon serviteur avait tout accepté, et il avait passé doucement du sommeil terrestre au réveil de l'eternité, saluant, dans son dernier rêve, la vision consolante des âmes justes, délivrées du purgatoire par la communion des Saints. Près de son lit, sur une table, se trouvait ouverte l'*Histoire de l'Église* qu'il avait feuilletée avant de s'endormir ; sur un autre meuble, une *Imitation de Jésus-Christ* avec des marques mises de sa main aux chapitres qu'il préférait ; plus loin, des livres traitant de l'art militaire : toutes ses préoccupations et tous ses amours étaient réunis dans cette pièce devenue sa chambre mortuaire.

Lorsque Mme de La Moricière reçut la foudroyante nouvelle, elle était à peine de retour d'un voyage de santé à une station thermale du midi. Accourue à Prouzel, elle se fit raconter en détail les derniers instants de son mari, et lorsqu'elle apprit qu'il était mort en pressant le crucifix sur ses lèvres et en implorant de son dernier regard la clémence du Rédempteur, la noble veuve prononça ces paroles dignes de l'héroïsme des premiers chrétiens : « Dieu soit béni ! il n'aura donc pas eu le temps de s'affliger de notre absence, et notre pensée ne l'aura pas détourné de la pensée de Dieu ! »

La nouvelle de cette mort était arrivée à Paris dans l'après-midi du 12 septembre. Dès le lendemain, la presse, en annonçant ce triste événement, n'avait qu'une voix pour le présenter comme un deuil public.

Les journaux révolutionnaires eux-mêmes oublièrent un instant l'abîme qui séparait leur politique des idées de La Moricière pour rendre un éclatant hommage au grand capitaine qui venait d'expirer. Dans ce concert unanime d'éloges qui saluèrent le cercueil de ce magnanime soldat, si discuté et si combattu pendant sa vie, nous avons distingué une appréciation qui sort de la banalité des articles nécrologiques, et nous la mettons sous les yeux du lecteur, parce qu'elle expose simplement et clairement une idée juste, qu'on ne pouvait défendre alors sans quelque courage.

« Castelfidardo est la page glorieuse de la vie de La Moricière, parce que les services se mesurent à la grandeur des causes : c'est ainsi que la postérité appréciera ce combat qui n'est rien au point de vue militaire, mais qui tient une grande place dans l'histoire contemporaine par les dévouements qu'il a suscités. L'Église seule est immortelle, et l'immortalité appartient à ses défenseurs.

« Ce fut le rôle du général de La Moricière ; il méprisa toujours les injures qui vinrent l'assaillir dans sa nouvelle carrière. Il avait assisté à de grands événements qui avaient dissipé quelques-unes de ses illusions et élevé son esprit. Il vit l'ordre social menacé par l'impiété et la chaire de Saint-Pierre seule debout au milieu des ruines. Ce qu'il déploya d'énergie, d'activité, d'espérance dans une mission qui aboutirait fatalement à la défaite est incroyable. Il fallait donner le témoignage de sa vie et de son sang, et c'est ce témoignage qu'il donnait de bon cœur.

« Abandonné par toutes les puissances catholiques, attaqué brusquement contre toutes les règles du droit des gens, La Moricière soutint une lutte désespérée.

« Son frère d'armes, Pimodan, tomba au premier rang, et scella de son sang le témoignage de sa foi. La Moricière fut vaincu, et rendit son épée comme saint Louis à la Massoure. Il n'était pas chargé de vaincre, mais de combattre. Il accomplit sa tâche en soldat chrétien, avec un petit nombre de chrétiens heureux de se ranger sous ses ordres.

« Tous ces noms sont inscrits au livre de vie ; l'histoire les mentionnera, car l'honneur d'avoir été à Castelfidardo n'est pas moindre que d'avoir été avec Godefroy de Bouillon et avec saint Louis. En ne voulant remplir que le devoir du sacrifice, La Moricière allait à une gloire plus haute que celle que pouvaient lui procurer ses succès d'Afrique et l'appui victorieux qu'il prêtait au gouvernement de son pays pour préserver la France de l'anarchie. Il est mort presque subitement, les

Tombeau du général de La Moricière, dans la cathédrale de Nantes.

lèvres sur le crucifix. Que dirons nous de plus ? Sa mort est digne de sa vie [1]. »

Le jeudi 14 septembre, le corps du général fut porté dans la petite église de Prouzel, où eut lieu un service solennel ; mais le lieu de la sépulture avait été fixé à Saint-Philibert de Grandlieu, près de Nantes, où le général possédait un caveau de famille.

1. *Le Monde*, nº du 13 septembre.

Le cortège devait passer par Amiens. Cette ville tint à faire de pompeuses funérailles au grand citoyen qui venait d'expirer à ses portes. Le cercueil fut porté à la cathédrale ; l'évêque monta en chaire, et, devant un auditoire bouleversé par l'émotion, il voulut payer, au nom de l'Église, à ce mort illustre qui l'avait si vaillamment défendue, un tribut de reconnaissance, de regrets et d'admiration.

A Paris, il n'y eut pas de cérémonie officielle, mais, spectacle touchant et consolant à la fois ! on vit un groupe d'hommes de tous les rangs et de tous les âges réciter à genoux et avec un recueillement profond le *De profundis* et les prières des morts autour de cette bière, dans le wagon qui allait emporter La Moricière à sa dernière demeure.

L'ancien ministre, le général, l'ambassadeur, traversant et quittant Paris presque secrètement, humble dans la mort comme il l'avait été dans la vie, sans autre hommage que les larmes furtives et le silence pieux de quelques amis, donnait encore, du fond de son cercueil, une leçon de simplicité aux témoins de cette scène. La cérémonie funèbre qui s'accomplit à Paris était telle qu'il l'eût désirée s'il avait pu régler lui-même le détail de ses obsèques.

Cependant les usages militaires exigeaient quelque chose de plus : La Moricière était général de division et grand-croix de la Légion d'honneur. La garnison de Nantes se préparait à lui rendre les honneurs dus à son grade.

Le 15 septembre, le train qui transportait les restes du défunt arrivait en gare. Le cercueil fut salué tout d'abord par une foule compacte et respectueuse, composée surtout d'ouvriers : il y avait là peut-être d'anciens Zouaves d'Afrique désireux de rendre un dernier hommage à leur commandant.

Un bataillon du 91e de ligne, précédé de la musique du régiment et un détachement de lanciers à pied étaient venus rendre les honneurs militaires à l'organisateur de la conquête d'Alger. Le général de la division et son état-major avaient reçu le cercueil à la gare.

M. l'abbé Richard, vicaire-général de Nantes, actuellement archevêque de Paris, vint, accompagné d'un nombreux clergé, faire la levée du corps, puis le cortège se mit en marche vers la cathédrale. On revit, à cette réunion funèbre, les vieux compagnons d'armes du général, à côté de ceux qui, dans la vie civile, avaient été ses amis ou ses admirateurs. Le groupe qui attirait le plus l'attention et la sympathie était celui des anciens Zouaves pontificaux. Sur la place Saint-Pierre, le cortège eut peine à se frayer un passage à travers l'immense foule, dont l'attitude respectueuse ne se démentit pas un instant.

Un imposant catafalque avait été préparé pour recevoir le cercueil dans la cathédrale entièrement tendue de noir. La messe solennelle fut célébrée par M. l'abbé Richard, en l'absence de Mgr Jacquemet, retenu par la maladie, puis le cortège se reforma, et prit le chemin de Saint-Philibert.

C'était la dernière étape du voyage funèbre. Avant que la dalle du caveau de famille se refermât sur le cercueil, deux frères d'armes de La Moricière, le général Trochu et le comte de Quatrebarbes, voulurent lui adresser le suprême adieu, l'un au nom de l'armée française, l'autre au nom des Zouaves pontificaux.

Voici le discours du général Trochu :

« Des officiers qui formaient, il y a vingt-cinq ans, à l'armée d'Afrique, l'état-major du général de La Moricière, la plupart sont morts avant l'heure. Je suis l'un de leurs survivants, et j'ai le droit de réclamer le privilège si douloureux, si enviable aussi, de représenter cette armée devant sa tombe. Il était alors dans tout l'éclat d'une renommée créée par les plus brillants services militaires, accrue chaque jour par des succès nouveaux, rehaussée par la jeunesse. Devant nous tous, il était l'homme du présent ; il était encore plus l'homme de l'avenir, et nos imaginations, dont les ardeurs n'étaient pas alors réglées par l'expérience de la vie, n'assignaient pas de limites à cette magnifique carrière. Lui-même se sentait poussé en avant par une force qui était en dehors de lui et dont il avait disposé jusque-là ; c'était la fortune.

« Il s'abandonna tout entier à l'incroyable activité de corps et d'esprit où nous l'avons vu se consumer jusqu'à la fin. Il menait de front la guerre, l'administration, la colonisation. Il avait la fièvre des idées, des vues, des projets ; il lisait, il écrivait, il argumentait dans les sens les plus divers, quelquefois les moins prévus. Jamais on ne poussa plus loin la puissance de l'intelligence et du travail, avec la passion de la lutte sous toutes les formes que crée la vie publique contemporaine.

« Un jour vint — que tous les hommes heureux devraient prévoir et qu'aucun ne prévoit communément — où la fortune l'abandonna. Elle voulut que la grande part qu'il avait à la direction des affaires lui fût retirée ; que la haute position, bien plus ancienne et légitime, qu'il avait dans l'armée, disparût ; que sa vie privée et son cœur et toutes ses espérances de père de famille fussent atteintes par les plus cruels revers.

« C'est à ce comble d'épreuves que la Providence l'attendait. Elle se révélait à lui, il revint à elle, subissant l'influence de la douce piété, des vertus, de la ferme résignation dont il avait à côté de lui l'exemple. Il chercha dans la foi chrétienne des consolations et des forces contre les coups dont la destinée et le monde l'accablaient, car ceux-là qui l'avaient exalté au temps de sa haute fortune, liée à leurs intérêts, avaient disparu, et d'autres cherchaient à l'abaisser, à présent qu'ils supposaient, faussement, j'en suis assuré, qu'il y aurait profit à l'abaisser. Et lui, qui avait si ardemment observé les personnes et les choses, s'entendit passionnément discuter à son tour, dans ses actes les plus dignes, dans ses intentions les plus sincères. Quand, avec un rare dévouement au grand intérêt religieux dont il était convaincu que la ruine entraînerait la ruine de l'ordre moral tout entier, il alla, malgré l'impuissance militaire évidente de l'effort qu'il méditait, offrir au Souverain-Pontife son nom et son épée, il fut suspecté d'ambition, et ce fut une injure. Et quand il succomba dans une lutte que sa prodigieuse inégalité suffirait à ennoblir, il fut raillé !

« A présent il meurt avant l'âge, laissant dans un deuil indicible une famille digne de toutes les sympathies et de tous les respects ; il meurt, achevant d'offrir au monde l'exemple le plus saisissant qui soit de la fragilité et de l'inconstance des prospérités humaines.

« Mais votre vie et votre mort, mon général, offrent d'autres enseignements. Si dans la période des agitations de votre illustre et courte carrière, vous avez dû rencontrer des adversaires, des contradicteurs, parmi lesquels vous m'aviez vu moi-même quelquefois, l'histoire de votre pays vous rendra la justice que vous l'avez bien aimé, que vous l'avez bien servi et que vous avez bien vécu.

« Les derniers bataillons que vous avez conduits marchaient avec la faiblesse contre le fort, insigne et rare honneur qui demeure attaché à votre nom, aux yeux des honnêtes gens de toutes les croyances et de tous les pays. Votre existence tourmentée restera comme un drame douloureux et touchant, devant lequel viendront s'éteindre tous les ressentiments que vous avez pu soulever. Dieu vous a recueilli, parce que vous avez cru et que vous avez souffert.

« A la vue de votre cercueil, je me sens accablé par des souvenirs qui remontent aux temps de mes débuts dans l'armée et de ma jeunesse à présent évanouie ; mais si ces souvenirs remplissent mon cœur d'une inévitable tristesse, j'ai l'âme sereine en pensant à vos nouvelles destinées. Général, nous jurons sur votre tombe qui va se fermer, de vivre et de mourir comme vous, catholiques dévoués et fidèles Bretons! »

Après ces nobles paroles prononcées d'une voix entrecoupée par les sanglots, M. le comte de Quatrebarbes adressa à son ancien chef l'adieu du chrétien et de l'ami fidèle, puis la foule s'écoula lentement.

Pendant plusieurs semaines encore, des services funèbres furent célébrés dans un grand nombre de villes, pour le glorieux soldat de la France et l'Église ; enfin un dernier et solennel hommage lui fut rendu, le 13 octobre 1865, dans la cathédrale de Nantes. Tout le monde connaît la magnifique oraison funèbre dans laquelle Mgr Dupanloup retraça la vie militaire et chrétienne de La Moricière. On la cite parmi les rares morceaux d'éloquence moderne que l'on peut comparer à ce que l'antiquité et le XVIIe siècle ont produit de plus achevé : elle était digne de l'orateur et du héros.

Aujourd'hui, la dépouille du vainqueur de Constantine, du vaincu de Castelfidardo, repose, loin de tous les bruits du monde, dans un cimetière de campagne. Bien des espérances sont venues s'engloutir dans ce tombeau, avec la vaillante épée qui avait fait trembler les usurpateurs et les traîtres. Toutefois, à la vue du mausolée qui recouvre les restes de l'intrépide soldat, on ne peut se défendre d'espérer encore pour les saintes causes qu'il a servies : ce mausolée porte, gravée sur la pierre, la devise de La Moricière, qui fut le mot d'ordre de toute sa vie : « *Spes mea Deus!* Mon espoir, c'est Dieu! »

NOTE I.

NOUS empruntons à M. Delalande, l'historien des *Guerres de religion dans la Manche*, le récit suivant de l'attaque du Mont-St-Michel par les Huguenots et de sa délivrance par Louis de La Moricière :

« Le 22 juillet 1577, jour de Sainte-Madeleine, auquel les habitants de la petite ville avaient coutume d'aller en pèlerinage à une paroisse voisine, on vit s'approcher du Mont une troupe de vingt-cinq à vingt-neuf hommes, porteurs de bourdons, et précédés du guide ordinaire des pèlerins. Tout dans leur personnage annonçait la dévotion et l'humilité de ce caractère emprunté. Soit donc que cet air de componction n'éveillât aucun soupçon, soit qu'ils eussent des intelligences au-dedans, ainsi qu'un auteur va nous l'affirmer plus tard, on négligea de les fouiller exactement à la porte, suivant la consigne, et nos faux pénitents purent ainsi dissimuler leurs poignards et leurs pistolets. Ils n'étaient cependant entrés que dans la basse ville. Mais, après l'aumône d'une messe qu'ils sollicitèrent de l'hôtesse chez laquelle ils avaient déjeûné, il fut difficile de douter de leurs intentions et de leur refuser l'entrée du saint lieu. On fut encore de plus en plus édifié là-haut de leurs dévotions et du nombre de messes qu'ils firent célébrer, tant à l'autel de St-Michel qu'à la Notre-Dame de dessous terre. Leur bande alors se divisa librement en plusieurs groupes, dont le premier se porta sur le Saut-Gauthier, tandis qu'un second se rangeait vis-à-vis la porte du corps-de-garde, et que deux ou trois autres descendaient à celle de la ville. Sur un signal donné par un des faux pèlerins, voilà enfin qu'un peloton de douze cavaliers, embusqués dans un bois éloigné d'une ou deux lieues du Mont, partit au galop à travers les grèves et se dirigea sur le rocher. C'était du Touchet en personne (un des chefs calvinistes) qui les commandait.

« Au même instant, le poste d'entrée est désarmé, et sur son refus de se rendre, un des soldats qui le composent, nommé Le Fort, est massacré. Il était alors huit heures et demie environ, et les moines étaient au chapitre. Mais un jeune novice court jeter l'alarme, et les religieux épouvantés n'ont que le temps de se cacher en partie sous les voûtes. Les assassins sont, en effet, revenus sur leurs pas, et le massacre menace de s'étendre sur leur inoffensive confrérie. S'il faut en croire deux historiens, un des moines qui leur a dit la messe n'est pas épargné. Plus heureux que lui, le secrétaire du chapitre et maitre des novices, qui nous a aussi laissé cette histoire, n'a, comme il le dit, « *en cette déroute, que la moitié du col coupé d'un coup de couteau.* » D'autres moines enfin et plusieurs véritables pèlerins sont également blessés dans le tumulte de l'église.

« Quelque diligents cependant que fussent les cavaliers commandés par du Touchet, ils ne purent atteindre le rocher, avant que les hommes de garde eussent abattu la herse de la porte de la Grève. Forcés alors de tourner bride, leur retraite se changea en déroute, devant une compagnie catholique de quinze gentilshommes et de vingt arquebusiers, que commandait un enseigne de Matignon, Louis de La Moricière, sieur de Vicques, et que le hasard, au cas où il n'eût pas eu vent du complot, venait de faire déboucher à propos dans ces parages. Les premiers arrivés, étant ainsi abandonnés à eux-mêmes et traqués dans les détours du monastère, se rendirent à la première sommation. » — (Delalande, *Histoire des guerres de religion dans la Manche*, p. 127 et suiv.)

Voici quelques autres détails sur la famille de La Moricière. Nous les tirons d'un manuscrit déposé aux Archives de l'évêché de Coutances, et qui a pour auteur un prêtre distingué de ce diocèse.

« Au XVIe siècle, le fief de l'Illemanière, situé en la paroisse de St-Quentin, près Avranches, passa aux de La Moricière de Vicques, famille originaire de l'élection de Falaise. Parmi les membres de cette famille qui habitèrent l'Illemanière, le premier, croyons-nous, fut Louis de La Moricière, sieur de Vicques, qui fut le principal chef du parti catholique en Basse-Normandie. On trouve Louis de La Moricière, sieur de Vicques, portant, en 1577, les titres de « Chevalier des ordres du Roi, Gentilhomme ordinaire de la Chambre, Capitaine de cent hommes d'armes, Gouverneur des villes et chasteaux du Mont-St-Michel et Avranches, Seigneur de l'Illemanière et autres lieux. » Ce fut le 22 juillet de cette année — d'autres disent 1576 — que de Vicques, nommé par le Roi capitaine ou gouverneur du Mont-St-Michel, reprit le château sur les Huguenots qui s'y étaient introduits la veille, et c'est ce fait d'armes que le poète Jean de Vitel (originaire de Polley, près Avranches) chanta dans son poème intitulé : *La prinse du Mont-St-Michel.*

Louis de La Moricière ou de Vicques fut un des plus ardents et des plus intrépides adversaires des Huguenots. André de Ste-Geneviève, chanoine d'Avranches, a laissé sur le sieur de Vicques les notes suivantes, extraites de son journal :

« 22 avril 1582. — Le sieur de Vicques, pensant reprendre les ponts d'Ouve, que quelques siens soldats avaient laissé occuper aux Huguenots, perdit Lefebvre, sieur de Sortosville, lieutenant de l'amiral qui conduisait les troupes du Val-de-Saire, qui avec XV cents arquebusiers et deux cents mousquetaires et cinq pièces de gros canon, étaient venus secourir ledit sieur de Vicques. Le sieur de Sainte-Marie et le sieur de Canisy, gendre du maréchal de Matignon, tuèrent ledit sieur de Sortosville, pensant occuper l'un des bouts des dits ponts ; il y eut plusieurs tués de part et d'autre.

« 27 avril. — Ce dit jour, le sieur de Vicques, avec la noblesse, ayant quitté les ponts d'Ouve, retournèrent à Avranches sur les sept heures du matin, ayant été XXXVI heures à cheval, et ayant perdu la plupart de leur bagage sur le chemin, les dits du Val-de-Saire s'étant retirés avec deux pièces de leur canon dans leurs pays.

« 1589. — Ce XII mars, le château du Parc, appartenant à M. d'Avranches (l'évêque) pris des Huguenots ; le portier tuez.

« 1589, XIII mars. — La nuit précédant ce jour, les Huguenots, cuidant prendre le Mont-St-Michel, les chevaux se perdirent, les estécelons demeurèrent dans les sablons ; après avoir coupé avec leurs coutelas les estécelons, quittèrent leur entreprise.

« 28 mars l'an 1589. — Le sieur de Vicques sort d'Avranches, et va assiéger le Chasteau du Parc, qui étoit détenu par les Huguenots.

« 30 mars l'an 1589. — Le sieur de Vicques a pris trois chasteaux occupez par les Huguenots, sçavoir est : le Parc, la Mouche et le Grippon, les dits chasteaux pris par composition. Ledit sieur de Vicques fut blessé à la cuisse devant le Parc.

« L'an 1589, 12 avril. — La nuit suivant ce jour, les Huguenots, desquels étoit conducteur le sieur de Chasney, sur une heure après minuit, pensèrent reprendre les fauxbourgs d'Avranches, et, estant à cheval au nombre de 40 ou 50, trouvèrent barricades qui les empêchèrent. Le feu ayant pris par hasard en la cheminée d'ung des corps-de-garde, chascun étoit éveillé. Les Huguenots se retirèrent sur les quatre heures du matin.

« 23 de may 1589. — Le lundi de la Pentecôte, le sieur de Vicques surprint une compagnie du sieur Mont-Canisy à St-Sever, où furent tués plus de 60 hommes, 80 chevaux, pris 60 cuirasses et tout le bagage dudit Mont-Canisy. Ce bagage est amené à Avranches avec la noblesse catholique pour aller donner secours à ceux de Villedieu ; mais les sieurs de Ste-Marie, le comte de Thorigny, de Canisy, étoient desjà entrez ; et puis s'en retournèrent à Avranches.

« 28 de may 1589. — Le sieur de Vicques, avec toutes ses troupes, sort d'Avranches et s'achemine vers Bretagne.

« X de juin l'an 1589. — Le sieur de Chasney, huguenot, arriva à l'improviste aux fauxbourgs d'Avranches, et au marché subitement. Plusieurs de ses gens furent tuez, et il prit la fuite.

« XXX juillet 1589, sur les huit heures du soir, à Avranches. Vers le midi, on a vu au ciel une grande croix blanche.

« 11 août 1589, au mercredy. — Le sieur de Beaulieu, dit Lefebvre, partit d'Avranches pour se retirer vers le roy, avec sa compagnie de 100 arquebusiers.

« L'an 1590, le sieur de Vicques surmonta et vainquit le sieur de Canisy, qui étoit venu jusques à St-Jean-de-la-Hèze, près Avranches, pour le contraindre à bataille ; où furent tuez plus de deux cents huguenots et plus de cent faits prisonniers.

« L'an 1590, la noblesse de l'Union (1) partit d'Avranches sous la conduite de M. de Lalande, capitaine d'Avranches, et frère de M. Péricard, évêque dudit lieu, pour aller battre les Huguenots que le sieur de Canisy avoit mis en garnison à St-Hilaire et à Mortain, dont plusieurs furent tuez et blessez.

« L'an 1590, le prince de Dombes passa de Bretaigne et près Avranches, chargea le régiment du sieur de Birage, en tua six soldats, brusla le bourg de Genez et mit les autres en déroute, puis s'en retourna le jour même à Pontorson, accompagné de troys mil hommes.

« L'an 1590, le sieur de Vicques étant à St-Sauveur-le-Vicomte près de combattre le sieur de Canisy, retourna à Avranches. Le sieur de (illisible) près Cérences, tua un des capitaines du sieur de Vicques, et en prit deux autres.

« L'an 1590, VIII août, de Chasney, huguenot, fut tué par le sieur de la Ruaudière.

« L'an 1590, 23 avril, Pontorson, contre foi promise, se révolte, et reçoit le sieur Quentin avec 200 Huguenots. Siège par le sieur de Vicques.

« L'an 1590, 136 Huguenots furent taillés en pièces dans l'église de Villedieu.

« XIII septembre 1590. — M. de Vicques, lieutenant-général de la Sainte-Union en Basse-Normandie, fut tué au siège de la ville et chasteau de Pontorson, auquel siège étoient Messieurs de Mercœur et son frère. Le cœur du sieur de Vicques fut enterré en l'église cathédrale d'Avranches...

1. On désignait la Ligue sous le nom de Sainte-Union.

« L'an 1591, la ville d'Avranches fut rendue au sieur de Montpensier, après avoir été assiégée et battue pendant deux mois, quatre jours. »

Jacques de La Moricière, sieur de Vicques, fils de Louis de la Moricière, avait succédé, comme gouverneur d'Avranches, à Odoard de Péricard, mort pendant le siége de la ville.

Il avait consenti à la capitulation d'Avranches, mais il resta encore plusieurs années à la tête des Ligueurs, et fut un des derniers à faire sa soumission au roi Henri IV, vers 1596.

On lit dans le recensement de la noblesse du pays, fait par de Roissy, en 1598 : « François de La Moricière, Sieur de Vicques, fils Étienne, demeurant au dit lieu, élection de Falaise, a de fils, Jean, Gilles et Jacques. — Louis, François, Jacques et Michel de La Moricière, fils de Louis, frère dudit François, demeurant à St-Quentin, élection d'Avranches, ancienne noblesse, jouiront, etc. »

En 1666, François et Jacques de La Moricière, de St-Quentin, justifièrent de quatre degrés. En 1698, l'intendant Foucault signalait parmi les nobles de la paroisse de St-Quentin François de La Moricière de Guérout.

Dès 1702, le fief de l'Illemanière était passé dans la famille de Gaalon, par le mariage de Jean de Gaalon, sieur des Carreaux et de Virey, avec Marie-Madeleine de La Moricière. » (*Notes historiques sur les paroisses de l'ancien diocèse d'Avranches*) (1).

NOTE II.

En rappelant les hommages adressés par l'Épiscopat aux volontaires tombés pour la cause du Pape, on ne saurait passer sous silence ces belles paroles de l'évêque d'Orléans :

« Je ne sais, Messieurs, mais en méditant sur cette grandeur morale, quelque chose de profond, de sacré, de divin, comme le respect religieux, me saisit devant ces jeunes courages.

« Malgré moi, de grands souvenirs s'éveillent dans mon cœur : les faits les plus glorieux de l'histoire, les dévoûments les plus illustres m'apparaissent.

« O collines de Castelfidardo, qui avez bu leur sang et garderez leurs os, votre nom hier encore était inconnu ; désormais il sera immortel !

« Ah ! c'est que, bon gré, mal gré, la gloire pure laisse sur la terre des traces resplendissantes que rien n'efface. Les trépas généreux consacrent à jamais ici-bas les lieux où sont tombés les héros.

1. Ces renseignements sur la famille de La Moricière sont entièrement inédits.

« Pourquoi faut-il qu'après tant de siècles les âmes palpitent encore au nom des Thermopyles ? Parce que là, trois cents soldats ne reculèrent pas devant un million de barbares. La Grèce avait réuni en leurs mains la cause de sa liberté. Les barbares passèrent sur leurs corps ; mais qu'importe ? Les trois cents héros sont toujours là, debout, dans l'immortalité de leur gloire. Le flot de la barbarie a disparu ; — car, grâces immortelles en soient rendues à Dieu et aux destinées de l'humanité, le mal n'est pas le maître éternel de la terre ; le flot impur disparait toujours à la longue ; et nous aussi, nous verrons disparaître celui dont la hideuse écume monte en ce moment jusqu'à nous et fait la honte de l'Europe ; — et cependant à jamais les échos des Thermopyles répètent ces paroles magnanimes que les héroïques défenseurs de la liberté grecque gravèrent sur le rocher : « Passant, va dire à Sparte que nous sommes morts ici pour obéir à ses lois. »

« Par un principe réservé aux grandes causes, ce ne furent pas les vainqueurs, mais les vaincus qui dressèrent là leurs trophées.

« O collines de Castelfidardo, vous fûtes aussi pour ces nobles jeunes gens les Thermopyles de l'honneur. Ils étaient là au poste du dévouement, et ils y moururent. Le vieil honneur du sang français, l'honneur du sang chrétien, ils l'ont soutenu jusqu'au bout. Ils sont tombés, mais ils n'ont pas été vaincus. Leur constance jette un reflet immortel sur leur glorieux désastre. Par eux les âmes oppressées sous le poids des hontes contemporaines respirent ; par eux, le sentiment du devoir, si étrangement abaissé, se relève dans les consciences ; par eux, malgré les tristesses les plus amères de nos malheureux temps, l'inspiration, le souffle sacré du dévoûment console et rafraichit les cœurs. D'un bout de l'Europe à l'autre, on applaudit, on admire ces jeunes guerriers ; les plus indifférents eux-mêmes s'émeuvent ; et une bouche étrangère et protestante s'écriait naguère à leur louange, dans une région lointaine : « *Ce sont les derniers martyrs de l'honneur européen !* » (ORAISON FUNÈBRE DES VOLONTAIRES CATHOLIQUES DE L'ARMÉE PONTIFICALE MORTS POUR LA DÉFENSE DU SAINT-SIÈGE, p. 17.)

FIN.

TABLE DES MATIÈRES.

CHAPITRE VII.

CHAPITRE VIII.

CHAPITRE IX.

CHAPITRE X.

CHAPITRE XI.

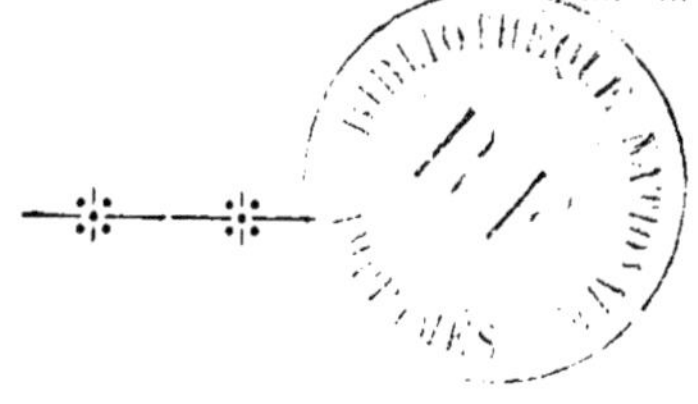

Imprimé par Desclée, De Brouwer et Cie.

www.ingramcontent.com/pod-product-compliance
Ingram Content Group UK Ltd.
Pitfield, Milton Keynes, MK11 3LW, UK
UKHW020547180726
13838UKWH00001B/91